★★ "六常法酒店管理系统" ★★

开家生意火爆的
餐饮酒店

邵德春 ◎ 著

广东旅游出版社
GUANGDONG TRAVEL & TOURISM PRESS
悦读书·悦旅行·悦享人生
中国·广州

图书在版编目（CIP）数据

开家生意火爆的餐饮酒店/邵德春著. — 广州：广东旅游出版社，2019.3
　ISBN 978-7-5570-1680-7

　Ⅰ.①开… Ⅱ.①邵… Ⅲ.①饮食业－商业经营 ②饭店－商业经营 Ⅳ.①F719

中国版本图书馆CIP数据核字（2018）第302668号

开家生意火爆的餐饮酒店
Kaijia Shengyi Huobao de Canyin Jiudian

广东旅游出版社出版发行
（广州市环市东路338号银政大厦西楼12楼　邮编：510180）
印刷：北京晨旭印刷厂
（地址：北京市密云县西田各庄村）
广东旅游出版社图书网
www.tourpress.cn
邮购地址：广州市环市东路338号银政大厦西楼12楼
联系电话：020-87347732　邮编：510180
787毫米×1092毫米　16开　12印张　125千字
2019年3月第1版第1次印刷
定价：45.00元

［版权所有　侵权必究］

本书如有错页倒装等质量问题，请直接与印刷厂联系换书。

前言　越做越旺：实现餐饮酒店高赢利的方法　V

第一章

定位——方向比方法更重要

1. 有定位才能少走弯路　3

2. 定位越早，赢利越早　5

3. 从对手身上找定位　7

4. 顾客需要什么，你就定位什么　8

5. 找到真正的顾客　9

6. 细分目标顾客群　10

7. 品牌定位怎么做　12

8. 新酒店开张先定位　17

9. 老酒店的重新定位　19

第二章

赢利方式——高流水，高利润

1. 赢利方式是酒店经营之本　23

2. 利润从何而来　25

3. 不增加投入也能多赢利　26

4. 永远有降不完的成本和费用　33

5. 外婆家是怎么赚钱的　38

6. 新型餐饮酒店的赢利方式　45

第三章

标准——流程化让管理更轻松

1. 酒店运营，标准无处不在　51

2. 顾客满意才是最大的标准　53

3. 由赢利方式来定标准　56

4. 给销量最好的菜品定标准　58

5. 上菜慢、口味咸？用标准解决　59

6. 菜式创新采用末位淘汰制　64

7. 酒店各岗位工作标准　65

8. 达到满意度指标的三张表格　88

9. 用标准实现傻瓜式管理　105

第四章

执行——落地才能见实效

1. 执行就是把目标变成结果　115

2. 提高执行力的两个方法　116

3. 五大步骤保障执行到位　117

4. 做好培训，执行才能持续　127

5. 让员工养成良好的执行习惯　138

6. 绩效考核是最有效的执行工具　140

第五章

绩效考核——酒店、员工双受益

1. 绩效考核不用太复杂　145

2. 既解放老板，又激励员工　146

3. 酒店最容易犯的考核错误　149

4. 如何把老板想要的变成员工想要的　156

5. 员工满意度是考核的基础　158

6. 实行绩效考核工资　161

7. 绩效考核也要落地　168

附录　酒店部分员工责任卡　171

致谢　179

••• 前 言

越做越旺：实现餐饮酒店高赢利的方法

  酒店如何经营与管理，取决于两个问题：第一个问题——老板到底要什么？第二个问题——怎样把老板想要的变成现实？这两个问题都和酒店经营管理的思路有关。

  老板到底要什么？这讲的是定位。有句话叫"方向比方法更重要"，方向错了，方法越有效，速度越快，离目标也就越远，最后造成南辕北辙的后果。然而对于定位这个问题，大多数的老板都没想清楚，自己想要的东西跟正在做的事情恰恰相反，结果只能是越做越错。如果酒店老板对酒店没有定位，或者定位不准，那么管理起来就会遇到很多麻烦。所以，每一个想要酒店赢利的老板,都应该首先想清楚定位的问题,然后再去考虑如何落实。

说到赢利,毫无疑问是很多酒店老板孜孜以求的目标。这当然没有错,但是如果只想要赚钱,而不去进一步想如何才能赚到钱,那么酒店的经营迟早要出问题。酒店老板的出发点必须是让顾客满意。让顾客满意,就要了解顾客的需求,并满足他们的需求。在定位不同的酒店里,顾客的需求是不一样的。换句话说,就是首先要找准酒店的定位,再根据定位了解顾客的需求,这样才能赚到钱。

所谓"酒店管理系统",就是为酒店特有的赢利方式而打造的管理体系,是用来解决"怎样把老板想要的变成现实"这个问题的。管理系统就像人的经脉,经脉能够使血液自动循环起来,科学的管理系统也会使酒店自动运转起来,持续赢利。怎样才算是科学的管理系统呢?就是系统能够自动检查问题、寻找创新思路、转换经营理念等。具体来讲,这套系统应该由5部分构成:

定位——赢利方式——定标准——执行落地——绩效考核

一旦系统能够良性运转了,赢利就是必然的。

经常有餐饮酒店企业的老板或高管问我:为什么一家酒店火几年后就会走下坡路?原因就在于这些老板或高管不会学习,或者学习了一点但不系统,他们只了解到皮毛。虽然只这么一点皮毛,就足以帮助他们从行业内脱颖而出,但是经过三五年,就会被人模仿。这个时候,老板如果不会动脑筋,不与时俱进,不去寻找新出路,就只能走下坡路了,这是很残酷的现象。而导致这种现象产生的根本原因，就在于没有建立起科学的管理系统。

酒店要做好，必须至少有一个属于自己的第一。没有第一，在市场上很难叫得响。那么，怎么做第一呢？方法其实很简单，有两条路径。

第一条是找准酒店的赢利方式。赢利方式不是唯一的，也没有放之四海皆准的，只有适合的才是最好的。确定赢利方式，首先要解决以下6个关键问题：

（1）市场空间在哪里？

（2）顾客是谁？

（3）顾客在哪里？

（4）顾客需要什么？

（5）如何满足顾客的需求？

（6）如何应对竞争对手？

找准了酒店的赢利方式，就能把力气花在顾客最关注的方面，并力求在这些方面做到第一。在这里，还有一点需要说明的是：赢利方式的运转效率很大程度上取决于酒店经理的素质。有些酒店经理只知道每天接待顾客，做事很认真，可是从来没有考虑过方向问题。这就像我们要从杭州开车到北京，结果司机把车往东开，哪怕他车技再好、开车再专注、车速再快，也只能是离目的地越来越远。现在不少酒店经理都是这样，接受指令却看不到全局，不了解老板真正的想法、意图，就忙着去执行，工作做得再认真，也收不到好的效果。酒店经理是酒店经营决策的执行者，又是基层员工的管理者，直接决定了酒店赢利方式的运转效率和经营绩效。所以，提高酒店经理的素质是赢利方式中不可或缺的一环。

第二条是建立科学的酒店管理系统。管理系统的建立要根据酒店的实际情况。比如有的酒店关注的是菜品，像菜样创新太少、上菜太慢、口味太咸等，这些问题都需要一一解决，解决掉了，酒店的菜品就做到了第一。至于怎么解决，要定标准，标准定完要培训，培训完要检查，检查完要处理，也就是绩效考核，绩效考核做完了，才能最终获得良好的效果。

很多酒店老板已经从科学的酒店管理系统中获得了实实在在的赢利，他们是怎样运用这套系统的？在这里，很值得与读者分享。

下面是达州某酒店老板的心得体会。

首先，要搞清楚酒店是做什么的。我重新审视了自己的店，我们店以前定位于中高端餐饮，今年有所下调。因为通过调研，我们了解到：顾客都喜欢好吃又不贵的，而且还要有面子。所以，我们对菜品进行了重新定位。我们店主要承办婚宴，晚上则以具有地方特色的民餐为主。在达州，办婚宴讲究黄道吉日，黄道吉日过后就会有空缺；遇到不好的日子，婚宴也比较少。我的想法是：在空缺的时候，可以通过生日宴、满月酒以及日常请客等来弥补，还可以提供节假日外卖，这样就能把空余的

前 言

时间都利用起来，增加营业额。

我们的顾客最关注的，第一是菜品的味道和创新，第二是价格，这是非常重要的两点。一方面，我把地方特色的类型确定下来，形成固定的标准，提高菜品的质量；另一方面，努力挖掘民间特色菜。达州很多周边县市都有自己的特色小吃，还有很多乡里乡亲做的土菜，在这些土菜上做些创新，往往很受顾客欢迎。

菜品标准定下来以后，还要制定一个程序。由老板带着学习，学过的人懂了，没参加学习的人还不懂。那么，怎么才能让标准在整个酒店中得以贯彻？这就需要执行落地，包括检查制度等，都要有标准。邵老师给我们提供了很多方法，比如预算表、财务分析报表，甚至更细的报表，像小杂件、牙签从哪里来到哪里去等，都做得很细。还有，关于顾客满意度的指标，过去我们只会说回头率高不高、今天的熟客多不多、订餐的人多不多，但从来没有系统地记录下来，这些以后也要形成标准，同时执行和考核要到位。

至于员工流失率，大家都知道，餐饮酒店行业的员工流失率很大。我做店长时碰到的一件事情让我深有感触。2008年春节前后，我们酒店承办了很多宴席，特别忙。在年前，店里还有十二三个服务员，到了春节，大家都要回家过年，最后就剩下七个人。不过，这七个人让我非常感动，因为他们创造了比平时多30%的营业额。

系统框架构建好了，运营就会进入良性循环。科学的系统能够推动管理者不断与时俱进，调整经营策略，寻找更有效的问题解决方案。只有这样，餐饮酒店才能越做越旺，持续创造高赢利。

第一章

定位——方向比方法更重要

1. 有定位才能少走弯路

2. 定位越早，赢利越早

3. 从对手身上找定位

4. 顾客需要什么，你就定位什么

5. 找到真正的顾客

6. 细分目标顾客群

7. 品牌定位怎么做

8. 新酒店开张先定位

9. 老酒店的重新定位

1 有定位才能少走弯路

我一直在做"酒店六常管理"的研究,对于六常管理,我的评价是:它再好,对酒店来说也只是起到"治病救人,强身健体,延年益寿"的作用,不可能让酒店"起死回生"。但是,很多酒店老板导入六常管理的目的却是希望酒店"起死回生"。实际上,真正能让酒店"起死回生",甚至在生意上领先于当地竞争对手的方法是定位。

杭州白鹿酒店1995年开张,至今顾客都要排队等待就餐;杭州外婆家酒店创立于1998年,经营之火爆也是如此。我分别拜访了这两家酒店集团的董事长,以及其他300多位餐饮酒店企业的高层领导,从他们的成功经验中,可以归纳总结出一套"六常定位模式"。

"六常定位模式"分为6大步骤:

(1)常分析市场空间在哪里?

"邵德春酒店六常管理"发展到现在,已经升级到了第三代。手机扫描二维码后,输入"GYSD01",您将看到邵老师讲解"三代六常法"的演变过程。

(2) 常分析顾客是谁?

(3) 常分析顾客在哪里?

(4) 常分析顾客有什么需求特点?

(5) 常分析如何满足顾客的需求,同时又要有利可图?

(6) 常分析应对竞争对手的策略是什么?

所谓"经理",就是指经营和管理,由此可见,酒店的经营和管理其实是两件事情。六常管理讲的是管理,而六常定位主要讲的是经营。要经营好餐饮酒店企业,我认为后者比前者更重要些。有很多失败的教训和成功的经验都证明:只有先做好六常定位,再配以六常管理,才能少走弯路。

一位研究企业定位的著名教授说过:"定好位,能使傻瓜变天才;定错位,能使天才变傻瓜。"我十分同意这个观点。以麦当劳、肯德基为例,他们的员工90%是临时工,也就是学生、其他企业的下岗工人等,这些临时工的专业素质并不高,但只要按照标准的流程操作,就能成就麦当劳、肯德基这样的大品牌。麦当劳和肯德基都是世界一流的餐饮品牌，都是因为定位精准，再加上标准的操作流程，就使傻瓜变成了天才。相比之下，在中国的餐饮酒店行业，你会发现不仅聘请经理要找天才，就连服务员也要看灵性和悟性。这太难了，哪里找得到那么多有灵性和悟性的人呢？所以我们的酒店很难做。如果酒店老板能够掌握六常定位的精髓，再加上适合自己的酒店赢利方式，那么酒店一样可以成为像麦当劳、肯德基这样的行业翘楚。

定位越早，赢利越早

既然定位这么重要，那该什么时候做定位呢？我认为，最好在开店以前做，先做好定位再开店，因为有了定位，你才能找到顾客，了解他们的需求，然后顺应市场趋势来打造自己的酒店，这样才会成功。

但是，现在有很多酒店恰恰相反，先有了店，再想到要做什么菜、招什么人，然后才开始推销。这样的情况放在十几年前还可以，放在现在就不行了。为什么呢？因为十几年前的市场是供不应求的，只要开店就能赚钱，所以很多酒店老板觉得赚钱很容易，这在当时是很正常的现象。但其实，他们的定位90%都是错误的，不过是因为市场环境还不成熟，即使定位错误，酒店也能获得赢利。现在随着市场环境的变化，行业竞争越来越激烈，有些地方的餐饮酒店企业从供不应求变成了供过于求，正因为如此，有的酒店才需要重新定位，而有的酒店则需要微调定位，以适应市场环境的变化。

对于现在的大多数酒店来说，定位是迫在眉睫需要解决的问题。有的酒店已经开了10年、15年，开业之初没有定位，但酒店老板的反应快，又肯学，会根据顾客的情况不断调整，使酒店得以持续发展。有的优秀的餐饮酒店企业则在开业前就做好了定位，从选址、定价、到顾客群，都有一套完整的系统，按照系统展开运营，开一家成一家，发展势头迅猛。在中国餐饮酒店企业中，外婆家、绿茶等都是定位成功的典型代表。还有的酒店本身定位不错，只需要根据市场变化和运营情况持续地做一些微调。

具体来讲，定位随时都可以做，但最好在酒店开业前三个月或前半年就做好。当然，前提是酒店老板要会做。如果酒店已经开业了，该怎么办呢？那就只能边经营边调整了。

有一家餐饮企业，几年前在开业后的一个月内，13个包厢的流水就达到200多万元，这样的成绩非常了不起。但是现在，一个月只有60多万元，而企业管理者的思维意识、管理模式还停留在过去，光是支付粤菜厨师的薪水，每月就有60万元。相比于原来200多万元的营业额，现在连发薪水都成了问题。由于营业额发生了巨变，成本远大于收益，如果企业这时还不调整定位，问题会变得越来越严重。

定位是必须做的，对于酒店来说，定位做得越早，赢利也就越早。同时，在酒店经营过程中，还要注意根据市场变化随时调整定位。不考虑酒店的定位问题，或者墨守成规，都会把酒店带向没落。

从对手身上找定位

有这么一句话：你没有做错事，只因为别人做对了，你就倒下了。某相机企业没有做错事，数码相机也是它研究出来的，可是它倒下了，因为对手做对了。某手机企业没有做错事，它的科研经费是全世界手机企业里最多的，团队是最大的，可是它倒下了，因为苹果和三星做对了。酒店也是同一个道理，别家酒店学会了定位，学会了赢利方式，学会了酒店管理系统后，它做对了，而你没有学，没有做，顾客就都涌向它那里了。

学习六常定位和赢利方式，不是要你跟对手"打架"，而是要跟它相区别，从而找到自己的精确定位。比如同样是人均消费50元，对手的定位是什么？是把菜品做到第一，那我就把服务做到第一。这样一来，想吃好菜的顾客会到对手那里去，而想享受优质服务的顾客就会主动到我这里来。对手是粤菜第一，我就做杭帮菜第一，想吃粤菜的顾客到对手那里去，而想吃杭帮菜的顾客就会到我这里来。如果都是杭帮菜，对手是把鸡鸭做到第一，我就把海鲜做到第一。如果都是鸡鸭，对手把鸡做到第一，我就把鸭做到第一。酒店老板要学会既让自己活得潇洒，也不让对手活得太难过，各有各的市场。

顾客需要什么，你就定位什么

　　酒店要赚钱，必须使顾客满意。如果顾客不满意，就不会再光顾酒店；顾客不光顾，就不会有营业额；没有营业额，生意就做不下去了。所以，酒店要想持续赢利，就要明确顾客到底想要什么，并且不断地满足他们的需求，这样才能吸引回头客，招徕新顾客。

　　下一个问题，酒店老板知道要满足顾客的需求，但是酒店真的做到了吗？老板认为做到了，但那真的是顾客想要的吗？关于这些问题，不能一概而论，而要从定位的目标顾客群出发。酒店的定位不同，顾客就不同，他们的需求也不同。一般来说，酒店的定位可以分为中高端定位和大众定位。这两类顾客群有着本质的不同，虽然中高端顾客有时候也可能光顾大众定位的酒店，但是他花1000元跟花5元时的需求肯定是不一样的。花5元钱时，他可能就不在乎服务好不好。比如你早晨去某个小餐馆吃早餐，这个时候，你就不会要求他们的服务有多好、环境有多整洁。也就是说，即使是同一个人，到定位不同的酒店，他的需求（期望）也是不一样的。

对于中高端顾客来说，他们的需求总结起来有 4 点：美味的菜品、高雅的环境、感人的服务和尊贵的享受。而对于大众顾客来说，他们关注的首先是价格便宜、上菜速度快，这是最起码的要求。其次，菜品的味道要好。如果用餐环境干净卫生，那就更好了。

根据我的研究，在人均消费 50 元以下的酒店或餐馆里，顾客最关注的都是菜品的口味。如果你仔细观察，就会发现很多路边的小店生意很好，价格便宜是一个方面，更重要的是真的好吃。相应的，层次越低，就越要美味。

总的来说，中高端定位要求菜品好、环境好、服务好；大众定位要求便宜和美味。因此，酒店定位不同，满足顾客需求的服务也不同。

找到真正的顾客

要想满足顾客的需求，超过他们的预期，我们首先就得研究：谁是真正的顾客，也就是酒店的目标顾客群。酒店明确目标顾客群，就是要确定服务的对象，是面向大众，还是面向中高端的消费群体？明确目标顾客群是市场工作的前端，这个问题解决了，酒店就可以定位接下来的工作了，比如装修环境、菜品的制定、服务规范等等。

有句话说,"来者都是客",说这话的人,其实是没有找到目标顾客群,他把所有人都当成顾客,而不了解这些人来自哪里、收入水平如何等情况。放在20年前,这句话还说得过去,但现在市场形势变了,酒店老板如果还抱持这种想法,生意肯定是很难做好的。也有人说,"顾客就是上帝",这种说法也欠妥当,顾客不是上帝,我们谁也没有见过上帝,但是天天都要迎接顾客。

如何找到真正的顾客,尤其是铂金顾客、黄金顾客?最好的办法是做一次简单的数据挖掘:拿出酒店的财务报表,结合订餐统计表一起看。如果酒店没有这些资料也不要紧,从现在开始积累就好了。通过这两张表,你会发现一年下来,20%的顾客能够带来80%的营业额,而另外80%的顾客只带来20%的营业额。这就是著名的"二八法则"。找出这20%的顾客后,你不需要逐个研究,只要把这些顾客纳入系统,用心服务好即可。他们满意了,就会成为标杆,吸引更多的顾客。这就是"口碑效应"。

细分目标顾客群

餐饮酒店企业的定位,按照消费层次可以分为低端、中端和高端。按照价格区间来分,有人均消费10元以下、10～20元、30～50元、50～80元等。

拿中端定位来举例。假如酒店定位于中端，那么目标顾客是哪些人？是做婚宴还是做家宴？能不能做会议接待？能不能做旅游接待？如果能，是接待散客还是接待旅游团更划算？这些都是需要仔细分析的，不同的定位对于酒店的经营管理会产生不同的影响。比如酒店若选择了中端婚宴或者旅游散客接待，那么还要继续分析目标顾客属于哪个年龄段，是老年人、中年人，还是年轻人？如果是中年人，是侧重于北方人还是南方人？如果侧重于南方人，是属于汽车一族，还是月光族？总之，在一线大城市的酒店，定位越精准越好，而二、三线城市的酒店，定位相对粗略些好。

有一家粗菜馆希望提升营业额，老板认为降价可以吸引更多人光顾，于是把10个特色菜全部降价，人均消费从原来的60元降到四五十元。但是两个月下来，老板发现菜品的销量没有增加，反倒是营业额下降了。可想而知，顾客并不是冲着价格来的。接着，粗菜馆进行了调查，这才发现顾客最关心的原来是菜品的口味。

这个案例中的粗菜馆就缺乏精准的定位，没有找准目标顾客群的具体需求，盲目降价，不但没有增加利润、吸引人气，反而降低了收入。从这个简单的案例中可以看出，餐饮酒店企业如果没有精准的定位，今天学东就做东，明天学西就做西，看到别家的价格低、生意好，就跟着降价，结果压缩了自己的利润空间；看到别家的服务好、生意好,就学样狠抓服务,结果把自己的服务员都吓跑了。这样的酒店是没有方向、没有自我的,在如今的市场环境中一定很难生存。在上述案例中,这家粗菜馆如果能适当提高特色菜的价格,反而会增加人气,提升营业额,因为目标顾客群对菜品的口味更敏感,价格反而是次要的。由此可见,定位是要深入研究的,明确目标顾客群到底需要什么,而不能想当然地作决定。

品牌定位怎么做

品牌是餐饮酒店企业的核心竞争力,而树立品牌的关键在于定位。

品牌的三层含义

关于品牌的定义有很多,我所理解的品牌有三层含义。第一层含义,品牌就是顾客一想到你,就能想起一系列的东西。举个例子,当你想到麦当劳,你的脑子里会立刻出现什么?会出现一个大大的"M",出现拱形门以及门的颜色——黄色。为什么是黄色?我们知道,黄灯是"停"的标志,麦当劳之所以用黄色,一方面是醒目,另一方面是让顾客看到就想停下来进店坐一坐。麦当劳从各个角度研究怎样吸引顾客的眼球,怎样让顾客停下来,黄色是经过很多专家通过心理测试考证过的。另外，我们还会想起站在门口欢迎的麦当劳叔叔，想起美味的汉堡包，想起一个人花三五十元就能吃饱，想起干净、舒适的用餐环境……顾客一定会想起这些东西，不用记，但是印象深刻。肯德基也是如此，想到肯德基，我们会想起什么？想起"KFC"标志，想起肯德基爷爷的形象，想起它的产品是炸鸡、薯条，人均消费也是三五十元。还有永和大王，我们一想到它，马上会想起特大油条，还有简单的快餐。这就是品牌，它让你一想到这个名字，就会想起它的一系列产品和服务。

手机扫描二维码后，输入"GYSD02"，您将看到邵德春老师在"酒店六常法之定位"论坛上的精彩讲课视频。

　　第二层含义，品牌就是顾客一看到你，就倍感放心。我在北京住过假日酒店，我入住的预期很简单：价格在四五百元，干净清爽，服务不差，住进去不会失望。就这么几条，假日酒店做到了，让我感到很放心。再说北京首都机场，我经常在那儿中转，所以要在附近找吃午饭的地方，通常我会选择哪家呢？肯德基。虽然我不喜欢洋快餐，但却非得选择它。这是因为首都机场的肯德基的价格，跟其他门店的一样，而且也能使用免费的优惠券，而首都机场的某家咖啡，价格是其他门店的两三倍。什么是品牌，现在很清楚了。当然，这里讲的都是优秀品牌，我不是说这家咖啡不是品牌，只是认为肯德基比它更优秀。正因为如此，肯德基才能做到在中国快餐类排名第一，而这家咖啡没能在咖啡类做到第一名。

"看到你，我就放心"，放心到什么程度？当我们进入麦当劳门店，不仅在里面坐着等人不会被赶，就是仅仅去借用下洗手间也不会被赶，服务员还会说"欢迎再次光临"。可是，在某些商业酒店，一旦有人进来借用洗手间，服务员就会赶人。还有的酒店，一楼大堂的洗手间不备卫生纸，我问过服务员为什么不备，他们说周边都是出租的店面，有些人用完洗手间后会把卫生纸拿走。因为这点小事而不备卫生纸，连酒店的顾客都无法使用，这就是品牌间的差异。所以，酒店真正要做到让顾客放心是很难的，要花很多力气，还要多年的时间积累。

第三层含义，品牌就是一种产品的代名词。举例来说，说起诺基亚，人们就会想到手机；说起联想，就想到电脑；说起小肥羊，就想到火锅；说起马兰，就想到拉面。

树立品牌的关键在于定位

定位是要让产品（品牌）在顾客的预期心智中实现区隔。酒店的装修风格、菜品价位的高低、提供什么样的菜品，这当然是定位，可是，跟别人一样的装修、一样的菜品价位、一样的菜品，甚至是一样的服务，又该如何在顾客的心智中实现区隔呢？

杰克·特劳特在经典著作《定位》（Positioning）中指出，定位就是要让品牌在消费者的心目中占据最有利的位置，使品牌成为某个类别或某种特性的代表品牌。这样，当消费者产生相关需求时，便会将定位品牌作为首选，也就是说，这个品牌占据了这个定位。

·············· 案例 ··············

邵老师：什么是可乐？

学员：碳酸饮料。

邵老师：可乐是碳酸饮料，可是现在很多人说可乐就是可乐。可乐成为一种产品的代名词，除了可口可乐，还有什么可乐？

学员：百事可乐。

邵老师：还有呢？

学员：非常可乐。

邵老师：它们又有什么不同？我们来说说看，它们有什么差异？定位有什么不同？

学员：口味其实差不多，但是定位不一样，非常可乐的经营模式是农村包围城市。

邵老师：很好。那百事可乐呢？

学员：年轻人的可乐。

邵老师：那非常可乐呢？

学员：中国人喝的可乐。

邵老师：这三种可乐到底有没有区别？

学员：区别不大。

> **点评**
>
> 可口可乐按它们自己专业的观点来说，是正宗的、最老的可乐；百事可乐是年青一代的选择，所以它们要找的代言人都是年轻人最喜欢的，比如迈克尔·杰克逊、姚明、谢霆锋、王菲等，年轻人喜欢谁，它们就找谁。营销定位一定不是卖得产品更好，而是卖出不同。可口可乐、百事可乐和非常可乐的产品本身没有多大区别，可是在我们脑子里，它们是有区别的，而且区别很大，甚至是完全不同的。所以，营销定位是卖出不同，而不是卖得更好。就像是一模一样的可乐，卖出了三个市场、三种区别，完全不同。
>
> 营销定位不是产品之争，而是顾客的心智之争。品牌世界没有真相，顾客说好的就是好的，只有印象好不好，没有真相。更可怕的是，印象一旦形成，就几乎改变不了，换句话说，就算可以改变，也是非常难的。

举个例子，杭州有一家粗菜馆，定位为东阳土菜，这就跟外婆家、白鹿等区隔出来了，因为外婆家和白鹿绝对不是东阳土菜。但是，杭州的东阳土菜馆也不止一家，问题就来了：你是东阳土菜，我也是东阳土菜，该怎么办呢？第一步还是要做进一步的区隔，第二步是让顾客认可你。通常，酒店老板自己要先定位好了，然后通过大量的广告，抓住任何机会进行宣传，不断加深顾客的印象。外婆家原来是不做广告的，现在做了，每年有几百万元的广告支出，因为广告不做不行，不做就得不到顾客的认可，必须要不断强调，不断加深顾客的印象，哪怕酒店门口排队的人再多，广告也是不能省的。

8 新酒店开张先定位

有不少酒店老板，开店前从来不研究市场空间，先租房子，再装修，之后才考虑做什么菜，找什么厨师。菜做出来了，叫谁来吃？再派员工去拉顾客。十家店中有九家都是这么做的。有人会问，这些酒店中为什么有的也能成功呢？你能成功，不代表你很厉害，而是对手太弱。大家都不懂，都不研究，你稍微超前一点就成功了。今天，在国内随便开个店都有可能成功，但是很快就会走向失败。所以，就像我常说的一句话：很多老板糊里糊涂开了店，糊里糊涂赚了钱，最后糊里糊涂就关门了。归根结底，还是定位没有做好。

新酒店首先需要明确市场空间。根据周边的社区、竞争对手来定位酒店的目标顾客群，并在经营过程中统计各类数据，从中挖掘顾客的行为习惯，对定位进行不断修正，这样才能力求精准。

看麦当劳开店，基本上都是开一家成功一家。这是为什么？因为麦当劳总是选址在目标顾客最集中的地方。它依靠一套专门的办法和工具来选址,而很多酒店老板则是拍着脑袋决定在哪儿开店的。这个地方是商业区,商业区有什么样的顾客,从来没有考量过,也几乎没有数据分析,这样的酒店怎么能够成功呢?

有一家酒店的案例很能说明这个问题。这家酒店的老板想得很清楚,他知道顾客是谁,并且很精准地抓住了他们。这家酒店定位于生活居住在周边的小家庭,以朋友宴请、家庭聚餐为主要经营,同时承办少量的商务宴请、婚宴等。酒店的价格定位在人均消费50元左右。就覆盖范围来说,步行的话,周边5公里是核心区域,10公里是次核心区域,也包括车程在15分钟以内的一部分区域。

先有市场,或者说先定位好顾客,再开办酒店,就会收到事半功倍的效果。蒙牛就是这么做的,它没有遵循"先开厂,再找市场"的传统做法。按照传统做法,通常是先把奶牛养起来,挤出奶来,再考虑卖给谁。蒙牛一反常态,先做市场推广,成为著名品牌,牛奶的加工则委托牛奶厂(即委托牛奶厂加工,贴蒙牛的品牌)。短短几年,蒙牛就成为全国最大的乳制品供应商,如果不采用上述方法,它是不可能做到的。联想也是这个模式,先做好市场,在消费者心目中形成第一品牌的印象,刺激消费者的购买需求,然后再找电脑生产厂家委托加工,这种模式叫做"OEM"(original equipment manufacturer)。酒店可不可以采用这个模式?完全可以,先定位好顾客,再开店。

9 老酒店的重新定位

定位有四大秘密：第一是顾客，顾客最关注什么。第二是酒店的强项是什么，是不是顾客最关注的。如果顾客最关注的酒店做不了，也没用。但如果顾客最关注的恰好就是酒店会做的、做得好的，就可以结合在一起了。第三是竞争对手有没有做，如果顾客最关注的恰好也是酒店的强项，但是竞争对手已经做了，而且做得比我们还好，那么酒店就没有机会了。第四是发展趋势，要关注整个餐饮酒店行业的发展趋势如何，酒店的定位要跟随趋势。安徽铜陵华亭四季大酒店的董事长魏谷提出：要根据国家形势、当地经济、市场情况、酒店内部情况的变化而变化，"经常变化定位，不能终身定位"。这一观点得到了很多同行的认同。

扬州有家开了10多年的老酒店，人均消费是40～50元，生意非常好。后来，老板又新开了一家大酒店，一模一样的名字，只是规模更大了，老店只有一两百个餐位，新店的餐位则多达六七百个，包厢也有30多个，装修得很漂亮，人均消费涨到100元以上。10多年来，这家老酒店给顾客留下的印象是大众消费，很多老顾客到了新店却发现收费涨了，定位变高了，结果连老店也不敢去了。

新店很快跟上了形势，满足了市场中高端的商务宴请、政务宴请的需求，生意慢慢好了起来。有时候新店餐位紧张，坐不下，服务员就推荐顾客去老店，结果顾客到了老店，发现消费档次低了，很不满意。就这样，老店的生意一落千丈，新店也失去了一部分回头客。

这家酒店的问题在于同一品牌却定位混乱。老店是针对大众消费的，新店却是针对商务和政务消费的，结果把顾客弄糊涂了，不明白这个品牌到底是做大众的呢，还是做中高端的。后来，酒店老板听取了我的建议，对老店进行了重新定位，老店的生意又慢慢好转了。

第二章

赢利方式——高流水,高利润

1. 赢利方式是酒店经营之本
2. 利润从何而来
3. 不增加投入也能多赢利
4. 永远有降不完的成本和费用
5. 外婆家是怎么赚钱的
6. 新型餐饮酒店的赢利方式

1

赢利方式是酒店经营之本

无论是百年老店,还是新开张的酒店,怎样才能获得高利润,这是经营过程中的根本性问题。评价一家酒店的生意好不好,主要看它的经营好不好,经营做得好,酒店的生意一定好。

现在,在餐饮酒店行业竞争越来越激烈的大环境下,一些酒店的生意越做越好,但也有相当一部分酒店出现业绩下滑。这就涉及经营的问题,经营就是要找到酒店的赢利方式。所谓"赢利方式",是酒店在明确自身定位之后,在市场竞争中逐步形成的特有的经营结构。赢利方式是酒店经营的基础,如果没有稳定的赢利方式,酒店的经营可能难以维持和发展。

赢利方式有两个核心问题:第一个问题是顾客是谁。如果连这个问题都没搞清楚,酒店当然难以赢利,即使有赢利也是暂时的。第二个问题是在顾客最关注的方面做到第一,去掉顾客最不关注的方面。把顾客最关注的无限放大，让顾客喜欢，他就会成为回头客，甚至还会把自己的亲朋好友带来，这样一来，酒店的赢利就增加了。同时，由于去掉了顾客最不关注的方面，成本与费用减少了，也使酒店的利润空间越来越大了。

有一家叫"一米香"的酒店，主要的特色菜其实就是米饭，做得相当好。之前，这家酒店做过很多特色菜，后来一道一道都淘汰了，只剩下这一个。结果，酒店老板发现做得越简单，赢利越多。

"一米香"就是抓住了顾客最关注的东西，并把它无限放大。顾客喜欢米饭，酒店就在米饭上下大工夫，吸引了不少客源。而且，这家酒店的名字与其特色菜搭配恰当，顾客只要一提到酒店名字，就会想到它的特色菜。或者反过来，一想到特色菜——米饭，就会想到这家酒店。

在顾客最关注的方面做到第一，这里的"第一"，不管是不是行业中真正的第一，只要顾客认可了，你就是第一。即使和对手面对面地竞争也不要紧，他做他的第一，你做你的第一，不要把同行当敌人。酒店只有做到第一，才能吸引大量的顾客。

有一家以地方特色菜为主的酒店生意非常好，这家酒店选址在景区里，地点有些偏僻，虽然没有做过任何广告宣传，但是却通过口碑效应吸引了很多顾客。酒店主打农家土菜，菜品原料非常原始，核心卖点是新鲜、健康。由于把口味做到了第一，把性价比做到了第一，很多顾客都成为回头客，酒店的赢利也持续稳定增长。

通过赢利方式，酒店要找到不止一个"第一"，越多越好。当然，当酒店以此进行宣传时，不需要把这么多"第一"都挂在嘴边，只要告诉顾客最重要的一个就好，说多了他们是不相信的。

利润从何而来

一般来说，开酒店的目的就是赚钱，虽然我们不能把赚钱当作唯一的目的，但这也是很重要的考虑因素。一家酒店如果不能赢利，也就无法维持生存。那么，对于酒店来说，利润从何而来呢？

懂财务的人都知道下面这个简单的公式：

利润＝营业收入－成本－费用

酒店要的是利润，但是只有利润指标是不够的，因为还不够细致，不细致的话，指标也就失去了参考的意义。利润指标分得越细，酒店的经营决策就越容易做到位。所以，我建议要考虑营业额、成本和费用这些方面。也就是说，酒店要想得到利润，应该从两个财务指标入手：一个是增加营业收入；另一个是降低成本和费用。

不增加投入也能多赢利

谨慎提高人均消费

这里讲两种提高人均消费的方法。第一个方法是增加人均消费。这个方法见效快。例如，某酒店的人均消费是 50 元，明天马上涨到人均消费 100 元，营业额在三天之内会增长，但是从第四天就会开始下降。这种方法什么时候适用？除非酒店老板是打算三天以后关门，靠涨价赚一票就走的。但即便如此，我们也不支持这种做法，因为会给自己留下一个坏名声。

第二个方法是推销毛利高的菜。酒店的总体菜价不提高，但从所有菜品中挑出那些毛利高的菜，让服务员积极推销。为了提高服务员的积极性，酒店还可以给予一定的奖励或提成。实行这个方法，酒店的营业额在三个月之内会不断提高，每个月提高 20% 不成问题，但是从第四个月开始，顾客会越来越少，半年之后如果还不加调整，酒店则可能面临关门的危机。这是因为，推销毛利高的菜，是酒店想要的，而不是顾客想要的。前三个月，顾客或许会买账，酒店的利润看起来提高了，但时间长了，顾客自然会知道这不是自己想要的。酒店把顾客忘了，只考虑自己的利益，这样做很危险。所以，酒店老板如果想开一家百年老店，提高人均消费要谨慎。

有效延长营业时间

延长营业时间可以招待更多的顾客，从而增加酒店的营业收入。可是该怎样延长营业时间呢？现在的酒店基本上都做午餐和晚餐，能不能增加早餐？能不能增加下午茶？能不能增加夜宵？这些都是可以考虑的。

增加早餐

肯德基刚进入我国快餐行业，基本上都是先提供午餐和晚餐，过几个月后再增加早餐，变成24小时营业。地方酒店的老板可以考察自己所在的城市有没有专门做早餐的酒店？如果没有，可以考虑去做；如果有，可以考虑做得比其他酒店好，或者做出自己的特色。其实，早餐是餐饮酒店行业中一块巨大的市场空白。

杭州有家叫"甘其食"的酒店，三年前在我家小区门口开了家小店，当时我不知道老板是杭州人，以为是别的地方的连锁店，现在酒店越做越大，一年的营业额已经近3亿。这家酒店卖什么呢？只卖一样东西——包子，原来一个包子1元，现在涨到每个1.5元。

三年前，"甘其食"的老板之所以想到要卖包子，就是因为他发现杭州这么大，可是竟然没有人能把包子做得干干净

手机扫描二维码后，输入"GYSD03"，您将看到一位国际酒店董事长的分享视频，与六常学员共同探讨酒店赢利方式。

净的，卖包子的店通常是又脏又乱的，服务员这只手抓钱，那只手马上拿包子。而"甘其食"就做到了卖干干净净的包子，七八平方米的店里，里面做包子，外面卖包子，收钱的专管收钱，从早卖到晚，跟洋快餐相比，这里的包子既便宜实惠又干净卫生。

有人说，早餐市场难做，这其实是因为没有动脑筋。位于盐城大丰的建丰大酒店，光卖早餐的日营业额就有5000元。像大丰这样一个县城，一个酒店的小厅，包子卖1元一个或1.2元一个，也有10元一个的蟹黄汤包，面条卖6元一份，稍微计算一下就知道利润有多大了。在这里吃早餐的以老年人居多，老年人有时间吃早餐。所以，如果有稳定的客源，酒店增加早餐经营也是有利可图的。

总的来说，只要打开思路，就没有做不成的生意，而通常的情况是，生意有很多，只是你没有想到去做。三星级、四星级的酒店能不能卖早餐？能，只要把门打开,顾客就来了。如果对外供应 10 元或者 15 元一份的自助早餐,会有大量顾客涌进来,因为他们会想:三星级、四星级的酒店,平时一顿午餐要六七十元,太贵,吃不起,可是早餐才 10 元,为什么不试试?在吃早餐的同时还能享受星级酒店的服务,顾客想要的就是这种感觉。所以说,只要打开酒店的大门,每天四五千元或者五六千元的营业额就自动送上门了。

比如杭州的太子楼大酒店,在延安路上最繁华的地段开了将近 20 年,卖了近 20 年的包子。大酒店的门口放着蒸笼,开始是 0.5 元一个包子,后来 1 元一个。想想看,在 20 年以前,100 元以上算是很大一笔消费了,对于这么一家大酒店来说,卖包子的收入完全算是额外的收入,酒店可以把那些中午空闲的厨师全部用起来了,这就解决了一个最令酒店头疼的问题:付给厨师 8 小时的工资,可是他只有晚餐两个小时的工作量。中午干什么呢?正好用来做包子。

至于酒店做的早餐,档次应该高还是低,要结合酒店自身的定位。如果是高端酒店,做早餐很可能会降低酒店在人们印象中的高端感觉,这个影响就大了,酒店会因此得不偿失。但如果酒店是当地的行业老大,做的早餐也定位的是高档早餐,相反就会引领这个市场。举个例子,在 10 年前,火锅店一般都是面向大众的,可是当时杭州有个老板开了家"澳门豆捞",把自己的火锅店定位在了高端市场,生意一样火爆。因此,酒店做早餐是定位高端市场还是中端市场,抑或是低端大众市场,要结合当地的市场环境和酒店自身的定位,进行灵活的处理。

增加夜宵

在无锡,有些大酒店的夜宵是很有名的,排队吃晚餐的人多,排队吃夜宵的人更多。酒店增加夜宵之后,人工成本、房租没有增加一分钱,但营业额一天就能增加好几万,非常合算。如果从成本的角度来看,该怎么分配酒店员工的工作量呢?100%的员工晚上必须上班,50%的员工负责午餐和晚餐,50%的员工负责晚餐和夜宵,人手不用增加,但会带来营业额的直接增长。除此之外,还可以增加下午茶,也不用增加人手,只要错开员工的班次安排就可以。但是,酒店老板必须想好,确保增加的这些经营项目不会跟酒店的定位发生冲突,也就是说,不影响酒店的中端或者中高端定位。

镇江一家酒店在这方面有过失败的例子,这家酒店曾经增加了24小时餐厅,可是运营3个月之后发现,下午两点到四点、凌晨两点到六点,吃饭的人比服务员还少,这样显然增加了成本。后来酒店作出了调整,改为在以上两个时段不营业,效果很好。

增加外卖

我见过的外卖形式大致有三种。第一种是节日外卖,一般只在过年、过节的时候提供。比如苏州百盛天地,有100多个包厢,大厅七八十桌,1000多个餐位。有一次,我春节去这家酒店拜访,走进它的大堂,就看到一箱箱预订的年夜饭,等着顾客来取。有的箱子价格很贵,卖到9999元,也有1999元一箱的。以前,大家到酒店吃年夜饭,现在很多酒店的年夜饭都很难订到位置,怎么办？外卖。

第二种外卖是常规外卖，天天都有卖，比如宅急送就属于这种的。以海门师山大酒店为例，它推出的外卖山羊肉，一盒8斤，500元一盒，一天卖400盒，营业额就是20万元，毛利100%。一般酒店一天的营业额才多少？外卖轻松还是堂食轻松？当然是外卖。

第三种是专业外卖，就是以外卖为主业的，做得好了，形成了规模外卖。比如秦妈火锅调料、全聚德烤鸭等，卖到了全世界。在澳大利亚、美国洛杉矶等地，都可以看到秦妈火锅调料。秦妈其实是一个火锅品牌，但它卖调料的营业额远远超过了火锅。如果不受时间、地点的限制，下午三点我们还能在酒店里吃到午餐吗？恐怕只能喝下午茶了，但是可以买外卖。这就叫经营，这样才能赚到钱。

海宁有家滋味馆，它的老板一直被一个问题困扰，他问我："我们店里晚餐忙得要命，午餐闲得要死，厨师和服务员都空在那里，又不能不发工资，怎么办呢？"我建议他做外卖，结果生意十分火爆，酒店的厨师都忙不过来。后来，店里又另开了一个中央厨房，专做外卖，虽然店面不大，只有十几平方米，但一天的外卖营业额就达到了5000元以上。滋味馆的老板总共开了15家这样的小门店，结果发现外卖的营业额远远超过了酒店本部的营业额。

厨师上门

让厨师上门烧菜也能有效延长营业时间。永康有家酒店,他们的厨师可以到顾客家里去烧菜。在永康这么一个县级市,这家酒店一年的营业额达到两三百万元。酒店提供厨师上门服务,不仅成本低,也不影响酒店的生意,所以变相地延长了酒店的营业时间。

增加客流量

增加客流量,既包括增加新顾客,又包括增加老顾客。

增加新顾客的方法主要是营销。传统的营销方法有广告、电视、广播等,现在还有微博营销、微信推广。这些都属于广告宣传,也可以通过增加新门店的方式来达到宣传效果。比如,丹阳有家酒店,中高端定位,人均消费在150～200元,由于受大环境的影响,有一段时间酒店的生意不好做,怎么增加营业额呢?老板想到通过"店中店"的形式来吸引新顾客,也就是在酒店里腾出400平方米的位置再开一个店。这种形式带来的效果是,酒店每个月的营业额不低于45万元,人均消费在50元左右。

老顾客又叫"回头客",回头客的重要性比新顾客高出10倍,因为他们不仅自己重复消费,还会带动身边的亲朋好友来店里消费。酒店应该了解这些回头客的吃饭习惯,建立顾客档案,常联系、常拜访他们,用与众不同的服务、令人怦然心动的服务来提高酒店的附加值。除了要保证菜品的质量、口味的稳定性之外,还应该不断创新,多出新菜品,以增加顾客的体验。还可以通过发放优惠卡、赠送等方法来吸引回头客，这些方法的目的显然是要满足顾客的需求，甚至是超出顾客的期望。

永远有降不完的成本和费用

酒店要赢利，见效最快的方法就是降低成本和费用。很多酒店老板都为居高不下的成本和费用感到头疼，不知道如何才能把它们降下来。有的酒店为此采取了硬性的措施，结果成本和费用是降低了，但是营业额也降低了，甚至造成营业额降低幅度超过成本和费用的后果。

其实，酒店的各种成本和费用都有很大的下降空间。下面我以降低人工费用为例，进行详细的阐述。

计算员工工资的标准

首先计算一下，上个月酒店员工的工资总额占营业总额的比例。这个比例多少合适？没有标准答案。酒店老板想要的结果是能不能降到12%，甚至8%，同时还要保证员工的满意度较高，这才是追求的目标。

很多酒店老板问我，服务员的工资给多少比较合适？是2000元、3000元，还是2500元？行业标准是多少？这些问题很难回答。

第一，每家酒店的定位不一样；第二，每家酒店的赢利方式不一样；第三，每家酒店的标准不一样；第四，每个城市的平均工资水平不一样。在这种情况下，有没有行业标准又有什么关系呢？当行业标准是2000元的时候，如果酒店生意好，服务员的工资涨到4000元也是可以的。

所以，酒店老板应该关注的是，工资所占营业额的比例能不能从上个月的20%下降到18%？员工流失率能不能从上个月的2%下降到1%？比例下降都会涉及两个因素，就工资所占营业额比例而言，如果过大，那么最简单的原因通常都是营业额太低了，明明可以做到100万元，但只做了50万元，这是生意没做好；另一个原因就是员工太多了，或者工资发得太多了。

在一般的餐饮酒店企业，员工工资所占营业额的比例基本上是15%~20%，而"六常法酒店管理商学院"对学员企业的要求是12%~15%。在有些地方，20%左右的比例也还算过得去，酒店也会赚钱，只是赚得少一点。如果达到20%以上，要么是营业额太低了，要么就是员工太多了。

从人效（指人均产出或劳动效率）的角度来说，一个月的人效达到2万元才比较合理。也就是说，假设酒店有100位员工，那么每个月的营业额达到200万元是正常的。如果某家酒店每位员工连1.5万的人效都达不到的话，很有可能是高管的工资太高了，他的管理水平不值这么高的工资。

裁员增效

一般来说，员工的工资只能涨不能降，但是员工的人数可以减少。如果酒店员工太多了，或者工资总额太大了，就意味着酒店的发展压力很大，至少要用一年的时间来精减人员。如果酒店不想裁员，那就要想办法增加营业额。有的酒店因为选址的原因，营业额的上升空间有限，只能想办法降低成本和费用。

裁员应该怎么裁

关于裁员，酒店不能随随便便地让员工走人。该怎么裁呢？我以自己以前开展裁员工作的经历来举例，比如当时传菜部有25个人，有个小姑娘长得漂亮，那么就让她去做服务员，这样传菜部就少了一个人。再比如有个传菜员很调皮，经常迟到、早退，月底计件算工资的时候，勤快的传菜员能拿到1500元、2000元，有时甚至将近3000元，但他只拿到400多元，是倒数第一名。我的助理找他谈话，询问怎么回事，他说："我不要钱可以吧？"这样的员工，我建议马上裁掉。经过一两个月的时间，该裁掉的员工都裁得差不多了。我说的裁员，不一定是把员工辞退到社会上去，被裁掉的员工可以安排到分店去。我当时告诉员工，只要表现好，谁都不会被裁掉，人多了，就调动岗位或者到分店去，而不是莫名其妙地被裁掉。

员工减少，工资增加，效率提高

运用六常法，把120个员工减至70人，酒店的营业额还能涨很多。举个例子，正常情况下，大厨烧菜的时间大概是2个小时，加上前期准备的时间，最多4个小时，但是发给大厨的工资是按8小时支付的。解决这个问题，我的方案很简单：对于员工，可以发12个小时的工资，但必须干满8个小时。这样一来，厨房也好，前台也好，都有很大的裁员空间。当然，前台裁员的幅度要小一些，因为裁得太多，酒店服务就跟不上了。厨房究竟需要几个人，厨师长最清楚。以杭州某酒店为例，它的传菜部原来有25个传菜员，现在只有6个，却完全不影响正常的运作。当我们把25个人减少到6个人的时候，工资怎么涨都可以，因为6个人的工资总额不可能超过25个人的工资总额，所以酒店的人工成本还是降低的。而且，员工越少，组织调配起来越容易，即使再忙也显得井井有条，反倒是员工太多时，大家忙起来就会乱七八糟的。有句话说得好：生意越闲，员工的事越多；生意越忙，员工的事越少。酒店老板一定要杜绝这种"人闲事多"的现象。

现在，很多酒店都运用上述方法精减人员。下面是两个典型的案例。

河南有家生态园酒店，一直在亏损。经过精简人员之后，员工的人数从120人减至73人，成本费用下降了很多，营业额也同比上升了20%。从这73位员工开始着手，酒店的生意越做越好。

某酒店对厨房员工进行了精简，一下子裁掉了几十人，但工作效率不但没有受到影响，反而有所提升，因为裁掉的都是冗员。首先，一楼的传菜员被裁掉了，一个都不剩，这样就少了七八个人。接着，负责初加工的员工也有所减少，由于酒店投资了十几万元购进洗碗机，原来的14位员工中，洗碗工全部裁掉了；负责拣菜、洗菜的员工忙完之后还要帮着打荷，如此一来，打荷的几位员工也裁掉了；打完荷，餐具使用完了，他们再用全自动洗碗机进行清洗，并负责把洗好的餐具摆放整齐。有了这个流程，员工的工作井然有序，也不会太辛苦，流失率也相应地下降了。

这样的案例还有很多。比如河北保定某餐饮公司精简人员之后，厨房由47人减少到了25人，员工的工资总额只比以前多出几千元钱而已，每位员工的月工资却涨了三四百元，且酒店当月的纯利润增长了一倍。员工不停地裁，营业额翻倍地涨，这是完全可能的事情。

裁员不能降低满意度

如果酒店为了裁员而裁员，会非常危险。任何裁员都要与绩效考核紧密相连，不能因此降低了员工的满意度，让员工没有安全感，不能安心工作，团队也会缺乏凝聚力。裁员的目的是为了增效，这是有前提的——顾客的满意度必须跟着提高。如果顾客的满意度降低了，酒店非但不能裁员，还应该增加人手才对，否则生意就没法做了，这是因为酒店经营的根本在于顾客的满意度，所有的事情都要围绕这个去做。

5

外婆家是怎么赚钱的

外婆家开业已经17年了，以前默默无闻，只是在杭州有点名声，后来受餐饮酒店行业大环境的影响，使它认识到大众定位才是发展趋势。到今天，外婆家有80多家分店，分布于全国各地。它开新店的速度非常快，最快的时候，1个月能开4家新店，可谓厚积薄发。

外婆家在我国的餐饮酒店行业领先了5～10年。从学习者的角度来讲，只要照搬外婆家的赢利方式就可以赚到钱了。我见过很多学习者，到外婆家考察之后其实什么也没看懂，只是照着样子去模仿，虽然没学到核心理念，但是生意却很好。可见外婆家的赢利方式有多么厉害。

精准定位下的流水化作业

先看看外婆家的生意。"排队就餐"是外婆家的品牌标志，外婆家各门店的平均翻台率（即餐桌使用率）达到350%以上。《环球企业》杂志的文章《外婆家和绿茶：餐饮价格杀手，比海底捞还火爆》中提到：到2012年年底，外婆家的全国门店已近60家。根据

2013年新春网站的调查显示，外婆家的平均翻台量为6～8次，在杭州能达到12～14次。

为什么外婆家的生意如此火爆？它和其他酒店的核心区别是什么？是它的装修好吗？是它的价格低吗？是它能够站在顾客的角度想问题吗？这些因素都有，但都不是核心，核心还是在于定位。外婆家定位的顾客群十分明确，因此能够针对顾客的需求来做事情，比如说它的装修和价格，都是根据顾客的需求而定的。

我曾经给外婆家的厨师长和楼面经理上课，我跟他们说，在装修比较好、服务一般、菜品质量一般的情况下，酒店生意好的核心原因在于精准定位。外婆家的生意这么好，80%靠的是酒店的定位。它提供的是五星级的环境，却只收一星级、两星级的费用，这样就吸引了大量顾客。可是在这种情况下，外婆家为何还能赢利呢？

六常法研究的是细节，但如果管理者满眼只有细节，而不再有格局时，就会缺乏全局观。也就是说，酒店要发展，老板不能只纠结于细节问题，而应该统揽全局。外婆家的总经理吴国平就有这样的全局观，他之前从来没有做过餐饮，见到厨师喊"师傅"，见到服务员喊"老师"。正是因为他对餐饮一窍不通，所以才能在这个行业的历史上写下浓墨重彩的一笔。很多人会奇怪，俗话说"隔行如隔山"，为什么没做过餐饮的人反而更有全局观呢？"不识庐山真面目，只缘身在此山中"，有些酒店老板就是因为太专业、太了解，反而容易被困住，因为成功的经验也可能是发展的绊脚石。比如厨师长出身的酒店老板，他们的头脑容易被那些与厨房有关的细节所占据，跳不出这个圈子。

外婆家与其他酒店的核心区别是：其他酒店的老板天天关注酒店内部，把精力放在研究菜品、服务、环境、绩效和团队上，而吴国平却不这么做，他并不把精力放在酒店的日常管理上。事实上，他经常不在酒店，而是去东京、巴黎等地，在老佛爷百货商店旁边的酒店开个房间，每次住上7~10天。每天早上，商店一开门，他就来到卖LV（Louis Vuitton，法国著名箱包品牌）的柜台前，像准时上班一样。因为购买LV的顾客大部分是中国人，他的工作就是研究LV的顾客群，然后把原理应用到自己的酒店里。吴国平是做工厂出身的，工厂是流水线生产，有标准化的工作流程，他把这些也运用到酒店管理上来，所以外婆家的成本非常低。

花50元买100元的享受

很多的酒店声称自己的菜品好、服务好、环境好，什么都好，就是生意不好。这是因为它们的竞争对手做得更好。这些酒店没做错什么，只是别的酒店做对了。说服务好，这只是酒店自己说的，不是顾客说的。酒店说的不代表正确，因为它判断服务好坏的标准本身可能就有问题，而实际上，别的酒店能提供比它更好的服务。

外婆家到底做对了什么？当很多酒店还在天天研究菜品、绩效的时候，他们早就把这些都做好了，他们在研究顾客。外婆家开了15年，在这15年里，餐饮酒店行业发生了巨大变化，但外婆家没有停滞不前，而是一直在考虑以后会出现什么问题。在餐饮酒店行业，酒店必须跟得上时代发展的步伐，必须走在行业的前列，不然就会落后、被淘汰。

如今，餐饮酒店行业供远大于求，从产品时代进入了顾客时代。什么是产品时代？让我们把目光转回三十多年前，也就是计划经济时期。在那个时期，人民币再多也没有用，因为买不到东西。当时，任何东西都要凭票购买，买粮要粮票，买油要油票，买布要布票……这是由物资紧缺造成的。那个时期完全是卖方市场，做生意根本用不着研究顾客群，只要开店，肯定能赚钱。而在顾客时代，顾客的选择越来越多，他们不会忠诚于某一家酒店，只会忠诚于自己的需求，谁能满足他们的需求，他们就光顾哪家酒店。不是顾客见异思迁，而是因为酒店本身落后了。对于很多酒店老板来说，顾客时代遇到的问题都没有解决，酒店还停留在产品时代，怎么可能生意好？如果这样还能有好生意，只有两种可能：一是酒店所处的市场太好了；另一种可能是酒店没有竞争对手，处于高、中、低端通吃的局面。

那么，顾客时代的赢利方式是怎样的？非常简单，从关注自己转而关注顾客。外婆家就是顾客时代酒店的典型代表。外婆家的赢利方式很简单：找到顾客，把他们最关注的性价比做到第一，也就是价格便宜、东西好。外婆家的人均消费是50元，但是在这里，顾客可以享受到价值100元的环境、菜品和服务。所以，大量的顾客被吸引过来，这是外婆家增加营业额的第一个方法。有的顾客甚至以为外婆家的老板犯糊涂了，所以要赶在老板弄明白之前，多光顾几次，多占几次便宜。但是事实上，外婆家的老板一直没"改"过来，而酒店外的顾客排队排了16年。

去掉多余的环节省成本

在外婆家，顾客得到的是远远超值的。但是，为什么外婆家没有亏损呢？它通过其他的方面来弥补亏损的部分，去掉投入在顾客不关注方面的花销，以此来降低成本。有很多老板在经营酒店时，不管顾客是不是需要，都提供齐全了。而在外婆家，顾客要的加倍提供，顾客不要的坚决去掉，这样才能降低成本。

其实，在酒店服务方面，有很多东西是大家习以为常的，但是谁都没考虑过这是不是顾客需要的。比如，酒店的床单都是白色的，这是谁规定的？没人规定。看见别的酒店这么做，自己也跟着这么做，大家都是这个心理。在中国，如家酒店是第一家使用有颜色床单的酒店，它如今已经开到了1000多家。

再比如，是谁规定酒店的餐桌上必须铺台布？为什么要铺？是为了看起来更有档次吗？实际上，顾客看到大理石台面、红木台面反而会觉得更有档次。当然，有一种情况是需要铺台布的，那就是桌子已经用了很长时间，看上去破破烂烂的，需要用台布遮一下才行。除此之外，在其他情况下都是完全没必要铺的。也许酒店老板没有算过这么一笔账：一家500个餐位的酒店，光是台布的费用就在15万以上，这还不包括清洗、更换的费用。

合理的酒店设计也能节省成本。我考察过很多酒店厨房，发现多数厨房并没有经过专业的设计,都是老板随便规划的,所以整个流线显得非常乱。长沙有一家酒店,我走进它的厨房,发现里面很整齐,但是流线却乱七八糟:采购进来的菜,要穿过厨房到另一边来洗,然后再返回来切,这一来一回不知要浪费多少时间。像这样的厨房,有很大的改善空间,酒店老板应该在这方面多下工夫,想想厨房该怎么设计才更方便工作。

对于很多酒店来说,住宿和餐饮是两批人,餐饮食客是餐饮食客的流线,住宿顾客是住宿顾客的流线,互不干涉。酒店里可以设两条通道,餐饮食客走一条通道,住宿顾客走另一条通道,这样就清清爽爽了。另外,有的酒店将员工的更衣室安排在厨房里,时间一长,就会发现所有的调料全都缺斤短两。因为有些不自觉的员工,趁着换衣服之便顺手牵羊,谁也发现不了。厨房的成本费用居高不下,而这种行为导致的损失占到 1% ~ 10%。杜绝这种行为很简单,就是改变员工更衣室的位置,这样能够为酒店省下不少钱。

更有意思的是,你是否想过,当我们在家里吃饭的时候,会在桌子上摆 5 个杯子吗?从来没有的事。而很多酒店明明定位为大众餐饮,这就意味着要创造家庭用餐的氛围,但是它们的桌子上,茶杯、饮料杯、啤酒杯、白酒杯、红酒杯,一样不少。酒店真的需要摆上五套、八套杯子吗?这些并不是顾客需要的,而是酒店擅自摆上去的,所以经常会遇到这种情况:顾客一来就要求把多余的杯子撤掉。这里面浪费了多少人力物力啊!所以,多余的东西完全没必要摆在餐桌上,如果有顾客需要,再添上即可。但实际上,要求添

手机扫描二维码后,输入"GYSD04",您将看到高级酒店服务员在提供餐中服务时的标准用语。

加的顾客往往比要求撤掉的顾客少得多。外婆家就想到了这一点。在外婆家,台布、口布、筷架、醋碟、汤碗、茶杯……这些东西统统去掉。顾客需要喝茶的时候,自己去倒,这并不影响顾客对酒店的评价。

还有一点,有谁规定顾客点菜的时候,服务员必须站在一旁等着?拿我自己来说,我就最害怕服务员站在旁边等着我点菜。我不熟悉菜品,他也不推荐,就站在旁边,一脸不耐烦的样子,这让我感到很不舒服,生怕自己点得慢会受到白眼。相信很多人都跟我一样,有服务员在旁边站着,会感到很不自在。这种情况如果是在高级酒店也就算了,但大众酒店也像这样,是完全没必要的,等在旁边的服务员其实是一种人力浪费,还会惹顾客讨厌。有些服务员还要负责倒茶,在自己家里吃饭的时候,会有专人负责倒茶吗?所以,这些统统可以去掉。去掉之后,一个服务员可以服务六张桌子,顾客不仅没有投诉,反而很喜欢这种氛围。外婆家的顾客就说:让我们自己倒茶、自己点菜,这是时尚。

由此可见，很多酒店的做法其实是在跟风。天天跟在别的酒店后面，又怎么可能成为行业领袖呢？很多事情，如果觉得没有必要，完全可以跳出来。不过，跟风也有好的一面，比如外婆家的赢利方式好，有些酒店受到启发，就可以学着做，但不是完全的照搬、照抄，在学着做的同时，酒店老板一定要有创新思维，动动脑筋，想想自己的酒店有没有什么特别的地方。酒店去掉了这些多余的环节，成本一下子就能降不少。所以，赢利方式就是要研究顾客需要什么，把顾客需要的放大，不需要的去掉。酒店要培养顾客的消费习惯。

❻
新型餐饮酒店的赢利方式

河南南阳有一家大汉王朝火锅店，它的老板杨总后来又开了一家酒店，名叫"坤记味道"，定位为大众午餐店，生意很好，成为当地唯一一家需要排队就餐的酒店。

海门师山大酒店原来定位为家常菜馆，每月的营业额不超过15万。经过重新定位之后，酒店改名为"粗菜淡饭"，2012年5月的营业额超过了30万元，6月的营业额为48万元。

上述都是酒店转型成功的例子。我们从中可以学到很多经验，但是没必要照搬。另外,我们还要思考一下:酒店只是吃饭、住宿的地方吗?还能用来干什么?可以是休闲的地方、享受的地方吗?

来看看美国拉斯维加斯最富有特色的酒店:首先是恺撒大酒店,在酒店门口有很多新奇的表演,以吸引顾客;其次是威尼斯人酒店,它完全把威尼斯搬了进去,蓝天、白云是天花板,河水是真的,顾客可以在里面划船,这个效果是相当震撼的。所以,在拉斯维加斯的酒店里,可以吃饭、住宿,也可以赌博,还有表演看,而这些基本上都是免费的。相对于传统酒店,拉斯维加斯的酒店更是旅游的景点、顾客的游乐场。

从这些酒店中,我们可以受到哪些启发?比如,可以把酒店餐厅改造一下,变成一个表演厅,或者可以改成KTV等等。只要有创意,且创意可以落地,都可以尝试一下。经营酒店不能光看别人的,还要学会自己创新。

再来看一下国内酒店的案例。每个城市都有一栋最高的楼,而这栋楼的顶层往往是餐厅,并且是旋转餐厅,因为很多人都想看全城的风景,这样就把吃饭和观景结合起来了。

杭州有一家绿茶餐厅,走进餐厅,就像走进了武侠小说里世外高人隐居的地方,就像回到了几百年前。在绿茶餐厅,看不到任何跟电有关的东西,电灯、电话、电视……统统都没有。这是因为在电子设备高度普及的现代社会,人们每天都对着手机、电脑,感觉越来越烦躁,杭州的工薪阶层压力非常大,没钱、没时间到外地旅游,只有到了绿茶餐厅,才能找到返璞归真的感觉。

从绿茶餐厅身上,我们可以学到什么?比如,可以在市中心开一家新加坡风格的酒店,顾客下了班,到酒店就像到了新加坡一样。或者把酒店建成布达拉宫的样子,带给顾客亲临拉萨的感觉。顾客到了这样的酒店,就像旅游一样,还可以顺便吃饭,这就是吃饭和旅游的完美结合。

河南有一家酒店,内部的摆设全都是真正的古董。这家酒店的老板热衷于研究中国历史,收集了各种各样的古董放在店里,让整个酒店看起来如同博物馆一样。这是酒店和博物馆的结合。

图 2-1　河南某酒店内部

杭州某餐厅像一家酒吧,顾客在里面用餐就像在酒吧里面吃饭。这是酒店和酒吧的结合。另外,酒店里面有开放式的厨房,完全透明,顾客围着厨房吃饭,感觉新鲜奇特。

图 2-2　杭州某餐厅

只要打开思路,酒店的赢利方式会有无数种,只要先定好位,再结合适当的赢利方式,酒店的生意就会蒸蒸日上。

第三章

标准——流程化让管理更轻松

1. 酒店运营,标准无处不在
2. 顾客满意才是最大的标准
3. 由赢利方式来定标准
4. 给销量最好的菜品定标准
5. 上菜慢、口味咸?用标准解决
6. 菜式创新采用末位淘汰制
7. 酒店各岗位工作标准
8. 达到满意度指标的三张表格
9. 用标准实现傻瓜式管理

1

酒店运营，标准无处不在

在酒店的经营管理中，老板弄清楚想要什么，定好位，这只是第一步。接下来，把老板想要的变成现实才是最重要的一步。从想要的变成现实的，需要一个工作流程，这个工作流程必须是经过了多年的总结，是能够帮助老板达到目标的。这就是酒店管理系统。换句话说，酒店管理系统是为达成酒店战略目标而制定的一系列标准流程。但是一定要记住，再厉害的管理系统最多也只能解决酒店80%的问题，还有20%的问题永远是个性化的。在这一点上，很多酒店老板都存在这样的误区：第一，总以为导入科学的酒店管理系统就可以解决一切问题。如果这么容易的话，还需要聘请总经理、店长吗？我可以很负责任地说，任何酒店管理系统都不是万能的，六常法也不是。第二，总以为聘请一位合适的高管就可以解决一切问题。这些想法都是不符合实际的。要想做好酒店管理，老板首先必须把这些错误的观念改正过来。

标准是酒店运营的基础，可以规范员工的工作，也是考核员工的根本依据。没有标准，赢利方式、培训、检查监督、绩效考核都无法正常运转。举个简单的例子，假如没有标准，哪位员工表现好，哪位员工表现不好，该怎么评价？酒店要提高顾客满意度，可是衡量顾客满意度的标准是什么？是90%，还是99%？是客流量达到每天1000人，还是每天增加10位顾客就算满意？如果酒店没有制定明确的标准，老板说顾客满意就是成为回头客，经理说顾客满意就是客流量达到多少，而领班又说顾客满意就是顾客当场说好……如此一来，员工执行的时候就会无所适从。一句话，没有标准就等于什么都没有。有了标准，酒店才能知道员工有没有执行，有没有努力把老板想要的变成现实。如果老板想要的客流量是每天1000人，员工达到了这个标准，就代表他有执行力；达到标准的一半，就代表他有一半的执行力。

80%以上的酒店问题都是因为没有标准。老板提拔一位经理，凭什么提拔他？其他员工都不服，因为酒店没有提拔的标准。老板说，是因为他服务好，可是什么叫服务好？是顾客表扬就算好吗？酒店也没有标准，说不清楚。所以，只要酒店继续运营，方方面面都离不开标准。标准就像定位一样，什么时候定都不晚，但是要适应变化。酒店的定位变了，赢利方式变了，标准也要跟着变。

制定酒店工作标准，首先要统一思想，安排好各岗位流程。比如给服务员制定标准：仪容仪表要如何、每天要做些什么事情、早上几点钟打卡、几点钟扫地、几点钟擦桌子等等。酒店员工一起讨论制定标准，然后签字认同，再把它贴在墙上。其次要制定执行标准。比如六常法中会用到一些表格，包括自查表、必查表和抽查表，诸如包厢的卫生有没有搞好、台面有没有摆好这些问题，员工可以根据自查表先自查一遍，然后是必查，最后抽查。必查和抽查由不同的人负责，并各自对检查结果负责。假如领班作为必查人，今天没有检查服务员的仪容仪表，或者没有检查卫生，出了问题，被经理抽查到了，这个领班就要扣工资。

根据一些酒店的反馈，服务员是很欢迎制定标准的，因为有了标准，他们就清楚自己该做什么，做到什么程度才算合格了。杭州某酒店的一位员工回忆说："之前的酒店老板整天让员工干活、干好活，但是怎么做、怎么才算做好了，却没有标准，我们也不懂，只能凭自己的理解去做。现在换了一位老板，这位新老板则不同，他把酒店交由经理管理，自己不插手具体的业务，只看管理的结果：顾客满意度目标有没有达到、员工满意度目标有没有达到等等。只要经理达到了这些目标，他就满意了。"

顾客满意才是最大的标准

制定标准很重要，但是这些标准从哪里来呢？

20年前,有一位老太太花了1700元买了一台国内知名品牌的冰箱。没用多久,她觉得不合适,想退货。商场却说,冰箱是合格的,符合国家各项标准,除非质量有问题,不然不退。这位老太太不服气,又找到厂家。厂家也说:"我们的产品是合格的,不退货。"老太太气不过,告到了法院。这个案子拖了9年,最后以厂家胜诉告终,因为根据当时的法律规定:产品合格就不退货。

例子中的厂家赢了官司,却输了市场。因为从市场的角度来说,产品合格并不是标准,顾客满意才是最大的标准。这句话看起来很简单,真正理解的人非常少。

再举个例子。20年前,我在杭州首届旅游饭店服务技能比赛中得了第二名。为了参赛,我苦练了15天,手都磨出血来了。根据比赛的规则,全部动作要在3分钟内完成,包床的床单中线相差1厘米扣1分;餐饮摆台的3套杯子相差1毫米扣1分。这些标准很严格,但我对自己的要求更严格,我要求自己在2分钟之内完成。直到现在,我培养学员也是如此,凡事严格要求。后来出于职业需要,我以顾客的身份,天天住酒店,住了七八年,住过的酒店有1000多家,我从来没发现有一位顾客因为酒店床单中线相差1厘米而投诉,就是在我20年的酒店管理生涯中,也没有接到过这类的顾客投诉。这说明,当年比赛的标准并不是根据酒店顾客的需求制定的,是我们自己想出来的,是直接从美国的酒店业借鉴过来的。

美国的酒店业有两三百年的历史，而中国真正意义上的酒店业历史不超过40年。拿杭州来说，第一家社会性的酒店是在1995年出现的，在此之前都是旅馆、招待所的形式，服务设施完全不配套，根本不符合现代酒店管理的标准。现在中国酒店业的标准要严格很多，但其中有很多标准也只是酒店自己要求的，并没有考虑过顾客需不需要，所以有一些标准甚至会给顾客添麻烦。

我常年在外做培训，住过各种各样的酒店。每天讲完课，当我回到客房的时候已经很累了，想好好休息一下，看会儿电视，但是沙发通常都是放在窗边的，我只好把沙发搬到中间来，挪到正对着电视的位置。可是到了第二天，当我讲完课再回到客房的时候，发现沙发又被挪回到窗边了。客房的沙发很重，搬起来很费劲，所以我很生气，只得再把沙发搬回来。但是第三天，沙发又被搬回去了。后来，我跟服务员说："我住的这几天，就别动沙发了。"服务员说："你的房间是贵宾房，经理天天查房，如果沙发不放回原位，我要被罚。"除了沙发，让我烦恼的还有枕头。我睡觉是从来不用枕头的，所以床上的枕头要么被我放进柜子里，要么被放到另一张床上，结果每天回去一看，四个枕头又都好好地摆在了我的床头。

这些事情都说明，很多酒店在制定标准时，从来没有考虑过顾客的需要。正因为如此，才会出现一些标准非但不能满足顾客的需求，反而会给顾客添麻烦的情况。实际上，只有顾客满意，酒店制定的标准才有意义。虽然要做到根据顾客的需求来制定标准非常不容易，但是酒店可以想一想：到底是维持标准更能让顾客满意，还是符合顾客的个人习惯更能令其满意呢？

　　酒店管理要研究的是顾客的需求，从顾客的角度看酒店应该做什么，而不是酒店自己想做什么。"酒店想要成为行业的标杆"与"几十万顾客需要你开100家酒店"，哪个能够成功？显然是后者，因为后者更符合顾客的需求，而前者只是酒店自己的期望。所以，我们现在应该换个角度来制定酒店的工作标准，如果始终站在老板的角度，固守业界的既有标准，那么这个标准就有可能成为酒店发展道路上的绊脚石。

由赢利方式来定标准

　　杭州有家酒店，老板学习了赢利方式之后，找到了适合自己酒店的赢利方式，一开始生意非常火爆，可是后来，白鹿在它附近开了分店，很多顾客就跑到白鹿那边去了。酒店老板认为，白鹿生意好一定是因为价格便宜，因为它的人均消费在40元左右，而自己的酒店在60元左右。于是，酒店老板把几个特色菜都降了价，使自己店里的人均消费也降到了40元左右。两个月过去了，老板发现降价的特色菜的销量和以前相比没有增加，但总营业额却降低了好几万元。他这才明白，自己的酒店和白鹿是不同的。

我让酒店老板做调查，先弄清楚顾客是谁，弄清楚他们最关注的到底是不是价格。后来通过调查才发现，这家酒店之所以能吸引顾客，最大的卖点在于菜品的口味：它主要做粗菜，而大家一般都认为粗菜的口味比较好，所以有很多顾客就上门了。但顾客最大的意见是什么呢？上菜太慢、菜太咸、菜品创新不够。既然如此，酒店的赢利方式是什么？应该是把粗菜做到第一，以吸引更多的顾客，同时缩减成本和费用，增加利润。在我看来，这家酒店存在的问题其实是"强项不强、弱项很弱"。

找到了赢利方式，酒店也就找到了自己的第一，只有找到自己的第一，酒店才能发挥所长，生意才会越来越好。接下来就要解决"如何做到第一"这个问题了，围绕"如何做到第一"，我们有一系列的标准。还是以上面的这家酒店为例，它的顾客是冲着口味来的，所以要想把粗菜做到第一，首先就要把现有顾客认可的菜品口味固定下来，形成标准。

给销量最好的菜品定标准

酒店老板要找出目前酒店销量最好的 8～10 道菜，然后开始制定菜品的口味标准。目前销量最好的菜就是顾客认可的口味，这个数据可以从点菜软件中得到。

具体来讲，制定口味标准应该从哪个环节开始呢？从采购开始。比如到哪里采购？如果是采购鸡，要 1 斤重的还是 1.5 斤重的？每次采购多少？什么价格合适？……一句话，从源头抓起，从采购验收的原材料开始制定标准。接下来是怎么初加工的问题，每个特色菜都不一样，怎么进行粗加工，需要有具体的标准。然后制定切配的标准、烹制的标准、装盘的标准等等，把这些流程都固定下来，最好是以图片加文字的形式记录。比图片加文字更好的记录形式是视频记录。

标准一旦定下来，就能保证无论顾客什么时候来吃，这 8～10 道销量最好的菜的味道都是一样的。就像麦当劳的汉堡、肯德基的炸鸡，好不好吃？算不上多美味，可是它们就是有本事让全世界 3 万多家分店的汉堡、炸鸡味道保持一致，这就叫"有水平"。对于酒店老板来说，先要学会这种标准化经营，把方法找出来，固定下来，就成为自己酒店的标准了。

有一家酒店卖早餐，最有特色的是包子。酒店制定的标准是：每张面皮重 38 克，肉馅 25 克，捏出 25 道褶，蒸七八分钟以后保温。

这家酒店的每一道菜，从主料到配料，从加工到上桌，每个环节都制定了具体的标准。再例如，酒店的白油糖馒头，冷的时候糖跟油是混合的，这需要保证当馒头还在蒸笼里的时候，糖跟油就必须混合在一起，少蒸一分钟都不会混合。员工只有按照酒店制定的标准做，才能成功地做出白油糖馒头。

❺
上菜慢、口味咸？用标准解决

上菜是酒店服务中最重要的项目之一，因为顾客是来吃菜的，如果上菜的环节没有做好，何谈其他的服务？上菜的速度太快或太慢，都会降低顾客对酒店的满意度。在这里需要说明一下，有的人可能会奇怪：上菜太慢，让顾客等得不耐烦，当然是不好的，可是上菜快怎么也不好呢？下面来看一个案例。

我在某家酒店工作的时候，当地一家外资企业的厂长是德国人，他花了 3000 元宴请另外几个德国人。在当时，3000 元一顿饭算是贵的了，所以酒店服务很好，菜上得很快，一下子桌子就摆不下了，龙虾上来之后只有摆在露台上，很快就冷掉了。这个德国人不高兴了,认为酒店把他当成来吃快餐的了。

从上面这个案例中可以看出,在一些真正高端的酒店,菜上得快了,不一定是好事。换句话说,有时上菜慢也不见得就是坏事,这又回到了第一章所讲的——关键取决于酒店的定位。

如果酒店的目标顾客是高端顾客,那么酒店的环境、菜品的质量都至关重要,上菜的时间反而不是最重要的了,所以只要前两道菜上快些,后面的菜慢慢上就可以了。但是如果酒店定位于中端市场,或者是面向大众的,甚至是做快餐的,上菜慢就需要纠正了,因为这类酒店如果上菜慢,一定会影响顾客的消费体验。

缩短上菜时间

当然,对于大部分酒店来说,还是希望缩短上菜时间的。如果酒店想缩短上菜时间,首先需要找出哪些菜上得慢,然后拆解流程,分析每一个环节。哪些环节可以去掉?哪些环节可以同时进行?这样才能做到统筹安排,优化上菜流程。

对于一些时间上不能缩减的菜,需要在标准里明确规定:服务员在顾客点菜的时候,就要提醒顾客上菜的时间,让顾客知道大概需要等多久,而不是盲目地坐在那里。例如,某酒店有道菜叫"乌龟炖蛇",每当顾客点这道菜,服务员就会提醒:"先生,这道菜的加工时间有些长,从下单到端菜上桌,大概需要1小时,您还要点吗？"按照酒店的标准，这道菜一般需要 45 分钟，最多 50 分钟，应该就可以上桌了，而服务员告诉顾客需要 1 小时，这就有了更充裕的时间。顾客如果说："要点，我就是来吃这个菜的"，他就会按照 1 小时的心理预期来等，结果 50 分钟之内就做好了，他就会觉得酒店上菜快。

对于其他上得慢的菜，可以审查整个加工流程，看看哪个环节出了问题。比如很多做海鲜、江鲜的酒店，为什么上菜这么慢？我观察了其中一家酒店的做法：顾客点的鱼称重之后，被放进篮子或桶里，等累积到 6 条再一起送厨房。从第一条鱼累积到第六条鱼，这就浪费了 6 分钟，甚至更长时间。然后是杀鱼环节，不是从第一条鱼开始杀，而是从最后一条鱼开始，这样一来，第一条鱼端上桌的时间就更长了。正是由于这两个环节缺乏统筹，才延长了上菜时间。显然，只要顾客每点一条鱼就送一次厨房，就能有效缩短上菜时间。假如酒店是因为送得太频繁，调不出人手，完全可以把这项工作分配给传菜员。所以，从点鱼、抓鱼、送单、清洗、切配、烹饪、装盘、出菜，一直到上桌，统统都要有相应的时间标准。

在这里还是要强调，酒店只有根据自己的实际情况，制定出有针对性的标准，才能越做越好。一般的酒店都会收集一些数据，从中可以找出顾客投诉上菜慢的最多的是哪道菜，先把这道菜的问题解决了，再解决投诉第二多的、第三多的……慢慢地，酒店的上菜速度就会快起来了。

有的酒店上菜慢，原因在于冰箱里的东西放得太乱，找东西就浪费了很多时间。根据六常法的标准，任何人在任何地方找任何东西都不能超过30秒，从冰箱里面找东西的标准时间是2秒。这就需要制定配套的标准，包括物品摆放的标准、油盐酱醋的标准等等。

当然，上菜慢还可能是其他原因造成的，比如沟通不畅、人员配置太多等等。如果是沟通问题，就需要前厅服务员做好"两头沟通"的工作了：一方面，服务员要及时把点菜信息传达给厨房，不能把责任全部推到厨师身上；另一方面，服务员还要及时向顾客反馈一些信息，比如解释为什么菜还没上来，可以送点水果、小吃转移一下顾客的注意力，这样顾客的满意度就会提高一点。一般情况下，当顾客收到具体反馈的时候，焦虑的心情就会有所缓解。对于特别着急的顾客，服务员要通知厨师尽早把他们的菜做出来。

那么，为什么说厨房人员配置太多也可能造成上菜慢呢？其实，人多并不代表效率增加，也可能出现人多手杂的情况。酒店必须清楚顾客的用餐习惯，有些菜可以提前准备，比如火锅，一般的做法是根据酒店每天的销量做第二天的准备，这样就可以缩短上菜时间了。如果碰到节假日或者有员工请假，也要提前把该整理的菜全部整理好。

除此之外，造成上菜慢的原因还可能是厨房流线设计有问题、厨房和前台的餐位配套有问题、菜单结构有问题等等，酒店都要有针对性地逐一解决。

根据顾客的口味确定咸度

对于菜品的口味，现在顾客有个普遍的反映，就是很多酒店的菜都太咸了。关于这个问题，酒店首先要弄明白：是所有菜都太咸，还是只有几道菜太咸？是所有顾客都这么反映，还是只有几位顾客反映？

如果只是几道菜偏咸的话，可能是厨师操作失误。如果只有几位顾客反映的话，可能是个人口味偏淡。对于这几种情况，酒店都可以不用花时间和精力去处理。

我们说要以顾客的标准为标准，但不是顾客怎么说酒店就怎么做。中国人的饮食习惯很不相同——南甜北咸，比如北方人吃杭帮菜，可能会觉得太淡了，但是酒店开在杭州，来酒店吃饭的还是本地人多，所以盐是不能加的。这里就涉及另一个问题：反映菜太咸的顾客是不是酒店的目标顾客？如果是目标顾客，酒店就要注意了，可以自己先尝尝看，若自己觉得还好，就把目标顾客请来，重新做菜，少放盐，请他们再尝尝。只要目标顾客觉得可以了，酒店就把这个咸度写进标准里。

另外，酒店对于铂金顾客、黄金顾客提出的问题要格外留意，因为这些顾客给酒店带来了80%以上的营业额，如果这些顾客说好，那就是好。对于其他的普通顾客，酒店也不要得罪，菜做咸了，该道歉的道歉就行了。

6 菜式创新采用末位淘汰制

什么叫菜式创新？就是开发顾客没有吃过、酒店也没有卖过的新菜品。创新必须要有主线，比如，有家酒店的名字叫"杭州土菜馆"，特色菜有10道，现在要围绕土菜来创新。如何创新？既然叫"杭州土菜馆"，就应该走遍浙江省的108个县，尝遍每个县的土菜，再把每个县最好吃的土菜学过来，形成自己酒店的108道招牌特色土菜。这才是方向，而不是东学一道菜、西学一道菜，到处乱学，结果只能越学越乱。

还有个问题，比如这道土菜是永康地方的特色菜，到了杭州会不会受当地人的欢迎，酒店也不知道。凡是创新的菜品，没有经过市场检验，谁也不能打包票一定成功，所以创新是有风险的。在杭州餐饮市场上，只要经过3个月的检验，酒店就可以判断哪道菜能留下、哪道不能留下了。假如这108道菜中能留下8道，那就成功了。这样一来，酒店的特色菜就从原来的10道变成了18道。接下来，酒店可以通过销售排行榜，把排在末位的菜淘汰掉。用这种方式，酒店的粗菜必然会越做越好，其他酒店做粗菜肯定比不上自己，这样酒店才算真正找到了自身特色。酒店找到自身特色之后，老板会发现酒店的生意越做越好，谁要学就让他学，怎么学都可以。对于学习者来说，案例再成功也是别人的，你可以从中受到启发，学习到有用的经验，但不能完全照搬，完全照搬只会让酒店越做越糟。

酒店各岗位工作标准

前台服务员的工作标准

前台服务员的主要工作是做好服务，可以提供超前服务，也可以提供贵宾服务。无论提供什么样的服务，都要先制定好满足顾客需求的标准。餐饮酒店企业的日常经营活动是一个流线，分为餐前、餐中和餐后三个部分。

餐前服务标准

前台服务员的餐前准备工作主要是维护环境卫生，了解用餐的顾客有哪些需求。

维护环境卫生，首先要有卫生标准，什么叫干净，什么叫不干净，必须有明确的判断标准。茶杯应该洗到什么程度，地板应该擦到什么程度，有了具体的判断标准，服务员才好遵照执行。

其次，物品的准备要有标准。在顾客用餐前，服务员应该准备好开瓶器、茶壶、餐巾纸、油盐酱醋、碟子等物品，空调最

手机扫描二维码后，输入"GYSD05"，您将看到高级酒店服务员在提供餐前服务时的标准用语。

好也要提前开放。这些东西没准备好,就容易遭到顾客的投诉。顾客想喝点茶,左催右催,服务员还不端上茶壶,顾客能满意吗?顾客想加点醋,却发现桌上没有醋瓶,服务员这时候再到后厨去取,顾客能满意吗?夏天正热的时候,顾客要求开空调,温度却一时半会儿降不下来,顾客能满意吗?这些不满意,都会给酒店带来回头客流失的后果。

餐具如何摆放,也要有一定的标准。即使是抽屉里面的餐具,也不能放得乱七八糟。如果顾客要开红酒,服务员却半天都找不到开瓶器,这个时候,顾客会耐心地等服务员慢慢找吗?碰到脾气好的顾客,他也许会等,但下次就不会再光顾了;碰到脾气不好的顾客,说不定马上就要拍桌子走人了。很多服务员都是这样,被顾客埋怨,被领班训斥,再被经理批评,为什么不先按标准准备好呢?

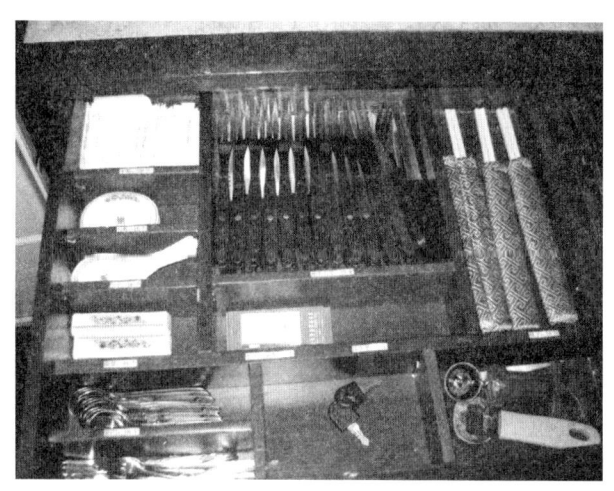

图3-1 标准的抽屉物品摆放

在这方面，有些酒店做得比较到位。比如接到顾客的预约，要订一张桌子，8个人，而酒店的标准是每桌10个人，这样就要在顾客到来之前撤去两把椅子，让顾客觉得他的预约被重视了，这才是顾客至上的表现。如果事先没有做到，顾客来了才手忙脚乱地准备，顾客一定会投诉的。至于物品的准备要达到怎么样的程度，要根据每家酒店的情况，逐一制定标准。这样的话，顾客需要任何物品，服务员都能在几秒钟内送到。

表3-1　服务员工作日志（部分）

标准台位__人台	加台__人台	_月_日	中餐　晚餐	本餐服务员	
主管告知VIP客户预定情况					
	项目	准备质量标准		自查	重要项目问题记录
环境准备	地面四壁	无垃圾、无明水、无污迹、无蛛网、无苍蝇、无飞虫。			（重要项目包括：空气质量，开水温度和准备，顾客第一眼感觉到的环境项目，台面餐具配置和卫生，打包袋、酒精、毛巾、卷纸准备，地面明水，服务员仪容仪表等7个方面。）
	设备设施	桌椅、台面、电视、茶几、沙发定位协调摆放，小件整齐。			
	空气质量	无苍蝇、无异味，按空气质量标准定时定量喷香。			
	备餐柜面	按定位图摆放干净的开水瓶、茶壶茶叶、菊花、冰桶、扎壶，无杂物。			
	窗帘花卉	花卉不干枯，无灰尘，盆内无垃圾，日照时窗户的布帘、纱帘关闭，拉开时对称。			
	电视灯光	灯无损坏，遥控器、电视指南定向定位放在茶几上，信号线连接紧密，指南内容与选台相符。			

(续)

项目		准备质量标准	自查	不达标项目记录
台面准备	骨碟	___只,距桌边1.5厘米,过中心与对面呈直线,各碟间距相等,主人位不偏位。		
	酒杯	___只,距骨碟3厘米,与中心成直线,三杯中心一线。		
	饮料杯	___只,在红酒杯左边,与红酒杯距离1厘米,三杯中心一线。		
	汤碗汤勺	___只,放在骨碟45度角左前方,碗口与骨碟边同线,勺柄向左。		
	筷子筷架	___副,筷架在骨碟右边,筷、架交点___处,灵活处理。		
	香巾托	___只,在筷子右边,大小相同统一,美观、紧凑、方便。		
	烟灰缸	4只,分别在上、下、左、右四个台位的右边。		
	花卡牙签	花卉置中,提示卡在左,牙签在右,多于20根,中线同心,视本店桌面统一距离而定。		
	台布转盘	台裙、台布转盘置中,台裙距地小于15厘米,台布下垂15～30厘米。		
	椅子	距离相等,无油腻,椅套干净平整、无破损,与台裙相切。		

最后是台面摆放的标准。在酒店管理培训方面,有一个非常重要的手段——看录像。酒店希望员工做到什么标准,就把这个标准录下来,放给员工看。比如找一位桌布铺得最好的员工,把他铺桌

— 68 —

布的整个过程录下来，在以后培训的过程中放给其他员工看。这样的培训既轻松，效果又好。这种方法不仅适用于中高端酒店，也适用于大众餐饮酒店。

餐中服务标准

相对来说，餐中服务是核心。因为餐前服务是静态的，服务员没做好可以返工，比如杯子放歪了，只要再放正就行了，但是餐中服务却是动态的。假设服务员在给顾客倒茶或者倒酒的时候出现了失误，可以重做一遍吗？茶酒撒了，服务员已经把顾客得罪了。所以，制定餐中服务的标准更重要。然而，我发现很多酒店都不重视餐中服务，没有制定统一的标准，酒店一忙起来，连经理也在帮忙送菜。送菜是可以的，但这不是经理工作的重点，经理工作的重点应该放在检查服务员的餐中服务到不到位。

服务员要做好餐中服务，就要想顾客之所想，做顾客想做的事情。一句话，就是要满足顾客的需求。微笑服务、程序化等方法，都可以提高酒店餐中服务的水平。

（1）按照顾客需求点菜的标准

在提供餐中服务的时候，服务员如何问好、怎样为顾客拉椅子、怎样让座、怎么倒茶水，都要有一定的标准。比如按照顾客的需求点菜，服务员首先就要了解顾客的需求，包括他的口味、他能接受的合理价位等等。

2004年，我在嘉兴做酒店顾问，当时正值我太太过生日，而她的娘家也在嘉兴，这下我好不容易有机会在岳父、岳母面前表现一下了。于是，我准备了1000元的生日宴预算，邀请大家一起去一家酒店。在这家酒店里负责点菜的服务员正好是我的学生，她为了帮我省钱，只给我点了400元的菜，还是打完折之后的价钱。结账的时候，这位服务员大声地对我说："邵老师，400元钱！"大家觉得，当时的我是该高兴呢，还是伤心呢？我准备了1000元，本来想在岳父、岳母面前表现一下，服务员却只帮我点了400元的菜，还大声地说出价格，我能高兴得起来吗？

服务员一定要了解顾客来消费的目的是什么，是商务宴请，还是给家里人过生日？服务员可以悄悄地问顾客，今天的消费水准大概是多少，然后按照他的需求来推荐菜品。这一点很必要，但是90%的服务员是做不到的。很多餐饮酒店企业有规定，只要服务员推销多少道菜，就给予一定的奖励。但服务员推销的菜是顾客的需求吗？完全不是。所以这种奖励方式是不必要的，靠这种方式，酒店的生意很难做得多好，只能是碰运气了。酒店要掌握顾客真正的需求，该赚的一定要赚回来，不该赚的一定不要赚。有的酒店，本来标明是生鲜，做菜的时候却用死鱼死虾。没有哪一个顾客愿意拿买生鲜的钱去买死鱼死虾，酒店的这种做法，其实是完全不考虑顾客需求的表现。

（2）上菜顺序的标准

上菜的顺序有没有标准呢？先上什么菜，再上什么菜？一般的标准是：冷菜——热菜——汤类——点心——水果。细节要根据酒店的具体情况来定，制定好标准后，可以制作成录像，播放给所有员工看。比如，大部分酒店都会把水果放在最后面，但也有酒店放在最前面，叫"餐前水果"。还有的酒店非常灵活，餐前水果和餐后水果都有。这些细节只要符合酒店的具体情况即可。

（3）更换烟灰缸和骨碟的标准

比如，烟灰缸应该有几个？我认为，一般不超过5个。如果是人均消费500元以上的高端酒店，最好不超过3个。定位不同的酒店可以有不同的标准。更换骨碟有什么标准？关于这一点，首先要确定是及时地更换骨碟，还是等骨碟积满三分之一时更换，抑或是有其他的标准。实际上，像"及时"这样的词太模糊，服务员不知道什么叫"及时"。所以，要想保证这条标准能够落实，最好使用更明确的词来代替"及时"。

（4）敬酒的标准

什么时候敬酒？怎么敬酒？有的酒店想了各种形式，比如让服务员装扮成七仙女来敬酒、装扮成八仙来敬酒等等。还有的酒店，在敬完酒之后会表演节目。有一次，我到一家酒店的时候，正好碰上节目表演，一打听才知道，节目并不是事先安排好的，而是为了欢迎我进行的即兴表演。我对酒店老板说，表演节目的目的是让我快乐，那为什么不表演节目给所有顾客看，让所有顾客都快乐呢？

诸如此类的各种形式，完全可以固定下来，形成标准规范，让更多的顾客开心，酒店就能获得更多的利润。

（5）感动服务的标准

什么叫感动服务呢？酒店怎么做才能感动顾客？有很多做法。比如，下雨天为进出酒店的顾客收撑伞、准备眼镜擦布、帮顾客买药、搀扶老人、给顾客拍照等。当顾客伸手拿出香烟，如果酒店是禁烟的，服务员可以带领顾客到吸烟区去；如果不禁烟，服务员应该马上递过来烟灰缸。当顾客突然起身，东张西望地找卫生间，这个时候，服务员是直接把顾客带过去好呢，还是告诉顾客"往前走10步，再右转"好呢？在高级酒店中，服务员通常会直接带顾客过去，而大众酒店的服务员一般是口头告知。当顾客打喷嚏的时候，有的酒店服务员会端来姜茶，人均消费100元以上的酒店应该做到这一点，人均消费50元以下的酒店就不必了，因为不同定位的酒店，顾客的需求是不一样的。酒店应该根据不同的定位来制定不同的标准，如果酒店的定位不是特别高端，就不用制定特别繁琐的标准。比如大众定位的"一米香"，人均消费只有20多元，如果顾客打个喷嚏也要上姜茶，顾客是会感动，但老板肯定会赔钱。

餐后服务标准

那么，餐后服务又有哪些标准呢？

有些酒店做得很仔细，等每一桌的顾客走后，服务员会通知后厨厨师长，厨师长带着厨师来到前台，看看菜剩余多少，然后分析原因。不管是凉菜还是热菜，如果被吃掉超过三分之二，就是正常的。有的时候，剩菜多不代表味道不好，菜的颜色、配型等，都可能影响顾客的胃口。

餐后服务还有一个重要方面——清理，也就是做好餐后的卫生工作。另外，服务员还应妥善处理水电煤气等用餐设备，消除灾害隐患，了解用电用水的情况，并及时将顾客对菜品的意见反馈给厨师、经理。

厨房的工作标准

厨房的工作可以和前台相互配合。前台主要是做好服务，厨房则要做好两点：一是菜品的梳理；二是控制菜的成本。厨房的工作标准还要符合酒店的定位，比如大众型酒店要求上菜快，因此厨房可以先备菜，提供自主式的服务。中高端酒店要推出各种特色菜，让顾客成为回头客。

前台和厨房都有了标准，酒店就可以像工厂一样，让餐前服务和厨房做菜形成一个流程，先实现标准化，再实现细节化。比如调味品，在餐前服务中要达到准备齐全、摆放整齐的标准；而在厨房烹饪过程中也有放多少、什么时候放的标准，以保证菜品能像产品一样被生产制造出来。

作为杭州的特色菜馆，外婆家已经实现工作流程化，就连杀鸡、杀鸭也都是机器完成的。这样既能降低成本，又能提高效率。但是，这种流程化只适合大众型餐饮酒店企业，高端酒店是讲究品位的，过于流程化反而会使酒店的品位大打折扣。

餐前准备的标准

厨房餐前准备的第一个重要标准——搞好卫生。卫生要做到什么程度？比如炉灶，拿白色的餐巾纸去擦，如果餐巾纸还是白的，这才合乎标准。

不要以为这样的要求很高。23年前，我开始学酒店管理的时候，在一家酒店做客房服务员，其中一项工作就是擦马桶，领班检查马桶的标准就是戴着白手套去擦，不能有任何污渍。现在酒店的炉灶大多是国外进口的，而当时的马桶是国产的，我用23年前检查马桶卫生的标准来检查今天的炉灶卫生，这个标准还算高吗？大家可以想一想，在自己家里，是炉灶更干净，还是马桶更干净？我相信，应该是炉灶更干净，因为用炉灶做出来的东西是要吃进嘴里的，它的卫生标准当然应该更高一些。

图 3-2　一尘不染的厨房

如果有老板认为这样的标准高，那只能说明他的酒店标准太低了。以这种低标准来经营酒店，怎么能做好生意呢？现在的酒店越开越多，但很多顾客是不敢进酒店吃饭的，主要就是因为卫生太差了。不要说厨房，甚至连前台也是一样，餐具、桌子摸起来油乎乎的，顾客怎么能相信酒店做出来的菜是干净的呢？其实，要想酒店生意好是很容易的，首先把卫生搞好，让顾客所见的地方都是干干净净的，他们就会愿意光顾了。

假如酒店的厨房非常干净的话，顾客去吃饭的时候，服务员可以先领顾客去厨房转一圈，这样更能增加顾客对酒店的好感。每天中午12点、晚上6点半，是厨房最忙的时候，这个时候，服务员可以对顾客说："各位，现在是中午12点，是我们酒店的厨房参观时间，有兴趣的顾客，欢迎随我去参观厨房。"这可以成为酒店的一个卖点。

搞好厨房卫生不仅是为了赢得顾客的好感，也关系到酒店的安全经营。有些酒店发生火灾，60%的原因在于抽油烟机——积攒了几年的油渍都不清理，随时有引燃的危险。很多酒店老板其实也希望厨房干净整洁，但是出于各种原因就是做不到。有些酒店把打扫卫生的工作交给厨师，厨师做完菜，还要打扫厨房的每一处，这会增加他们的劳动量。因此，酒店老板需要考虑怎样打扫能更快、更方便，比如考虑使用一些化学清洁产品等等。

厨房打扫完毕之后，每隔5～10米要放一个装有毛巾的桶，任何地方有水或者有污渍，要随时擦干净。记住一句话：厨房要干净，必须先干后净；如果不干，永远不净。地面也好，桌面也好，一旦有水，就容易变得湿滑脏乱，所以一定要干燥，而且还要保持干燥。

关于搞好厨房卫生，酒店要根据实际情况来制定标准。退一步说，如果实在做不到一尘不染，至少也要尽量干净。如果一家酒店的厨房几年都没打扫过，那就太不正常了。

厨房餐前准备的第二个标准——效率标准。什么叫效率？先说说反面例子，我去过的一些酒店，顾客在前面催菜，厨师在厨房忙着找牛肉，这就是没效率。类似的情况太多了，60%~80%的厨房，冰箱一打开乱得一塌糊涂，找一份牛肉几乎要把整个冰箱翻一遍。堆在冰箱里的其他食材，常常都因为难找而存放了很久，甚至已经腐败变质。这已经不是效率的问题了，而是食品安全的问题。

在白鹿酒店，不管等待就餐的队伍排得多长，外面多忙，厨房里都井井有条，该洗碗的洗碗，该炒菜的炒菜，没有人吵吵嚷嚷。厨房里还会播放音乐，厨师们边听音乐边切菜，因为酒店老板认为工作开心很重要。

厨房要做到井井有条是有前提的，即效率做到位：要找的东西都准备妥当，摆放在固定位置，任何人找任何东西都不超过30秒。这个标准不仅适用于厨房，也适用于酒店的其他地方。

怎么做才能达到这个标准呢？先看一个例子。比如我在美国，想找到河南长垣香玉琴酒店的宋总，怎样才能找到他？很简单，先找到中国，再找到河南，接下来找到长垣，最后找到香玉琴酒店。

从全球几十亿人中找一个人,用几十个字就能标注清楚了。酒店的厨房、仓库等,相对于全球来说小多了,如果还找不到东西,那就是方法的问题了。如果用下面的新方法来找东西,任何人都不会超过30秒。

(1) 分类管理

比如厨房里有酒水架,酒水架又包括白酒架、红酒架,还有啤酒架。红酒架上有不同的系列,一层放一个品牌,每个品牌准备三四种酒。这样的话,要找一瓶红酒就变得非常简单了,花5分钟摆放整齐后,任何人找起来都不会超过30秒。这里的30秒,指的是寻找的时间,不包括走到酒水架的时间。

图3-3 摆放整齐的货架

（2）制作目录表

写清楚厨房里有哪些物品、放在什么地方、数量多少等等。记录这些信息的目录表可以叫"物品查找目录"，或者"食品查找目录"。至于目录的标记方法，可以按照字母顺序。比如长城干红，开头字母是"C"，那么就在C项中去找，一定有长城干红，接下来再标记清楚放在几号货架、第几层。再比如椒盐，开头字母是"J"，就应该在J项中去找，然后再看它放在哪个仓库、哪个货架的第几层。

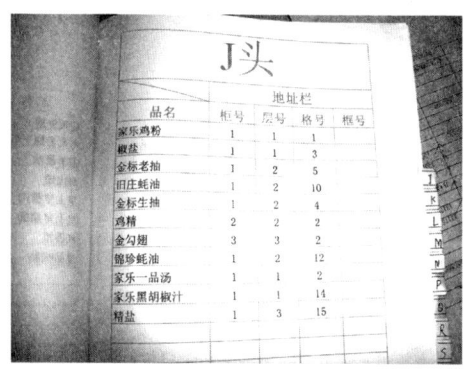

图3-4　食品查找目录表

制作目录表的方法，大到酒店仓库小到厨房冰箱都适用。按照这个方法，任何人在冰箱里找任何东西都只要一两秒钟。比如找玉米，目录表上写着"玉米A86"，打开冰箱，上层第一个就是A86。为什么冰箱里的食品盒上写A86而不写玉米？因为万一玉米用完了，食品盒里换成了白薯，就不用再换标签了，只需要把目录表修改一下即可，省下了一个步骤。

图3-5　摆放整齐的冰箱

在使用了目录表的酒店厨房里，你会发现，厨师很少因为找不到东西而手忙脚乱，因为该准备的都准备好了，手一伸就能拿到。厨师为什么能这样有条不紊？因为很多细节性的问题已经有专人处理好了。有了充足的准备，厨房的工作就会变得非常有秩序。

现在有些管理良好的酒店，已经不用冰箱了，因为酒店每天的生意量基本上是稳定的，按照这个量来准备，当天的东西全部卖完，还要冰箱做什么？比如某道菜，一般每天能卖200份，厨房提前准备180份，基本上就能满足需要了，就算有额外增加的，准备起来也很方便。还有一点，很多菜冷冻后就不好吃了，会影响菜品的口味，因此我建议酒店少用甚至不用冰箱，每天最少采购两次，早上用的原材料早上进货，不要早上买的晚上才用，这样就不新鲜了。但在有的酒店里，不但有冰箱，还有冰库，很多原材料都不知冷冻多少天了，用这样的原材料做菜，菜还能好吃吗？

厨房餐前准备的第三个标准——采购原材料的标准。 这个标准非常重要。每个顾客都会注重菜品的口味，菜品口味好的核心是原材料必须好。如果原材料不好，厨师的水平再高也没有用。比如顾客点的是活鱼，而厨房的鱼是死鱼，怎么做也做不出鲜鱼的味道。所以，采购的原材料必须得到顾客的认可，从哪里采购、以什么价格采购、对原材料有哪些要求，都需要有具体的标准。不然的话，采购人员若是经验不足或者有私心，那么采购回来的原材料要么价格昂贵，要么品相不好。

厨房餐前准备的第四个标准——验收、切配的标准。 采购的标准和验收、切配的标准是息息相关的。按照什么样的标准采购，就要按照什么样的标准验收和切配。为了让采购和验收都有标准可依，使人心服口服，不至于起争执，最好的方法就是照相。干货、瓜果、海鲜……每张照片配有文字，把标准写得一清二楚，验收也要以照片为标准。还可以做得更细致一些，在哪里采购的、向谁采购的、价格是多少等等，全部列出来。这样一来，就算换采购员也没关系。有的酒店就存在这样的问题，采购员一换，采购价格也变了，原材料也不好了，全都乱了套。要解决所有问题，一张照片就足够了。

第三章 标准——流程化让管理更轻松

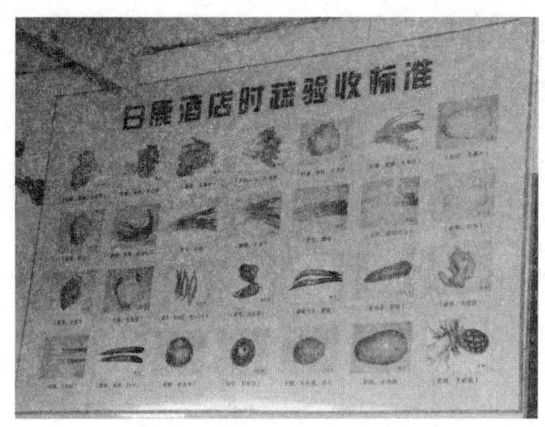

图3-6 白鹿酒店时蔬验收标准

材料采购好了以后，蔬菜怎么洗、鸡鸭怎么杀、肉丝改刀改到什么程度等等，都有相应的标准。这就是切配初加工的标准，都应该用图片说明。

图3-7 某酒店切配初加工标准

餐中出品的标准

对于厨房来说，餐中出品的标准主要包括菜品口味的标准和上菜速度的标准。每家酒店都有自己的核心菜品，这些菜品的口味和品质稳定是保证酒店客流量的重要因素。除了菜品口味之外，顾客最关注的就要算上菜速度了。上菜速度慢是很多酒店的普遍现象，虽然顾客很不满意，但是这个问题却很难解决。

（1）菜品的口味标准

首先是色、香、形、器、养、健等标准，这些标准一般的酒店都懂，在此不再详述。其次是菜品的口味标准。这要根据酒店的情况而定。大众定位和中高端定位的酒店对于菜品口味的要求是不同的。菜品的口味标准其实就是烹饪的标准：主料、副料、调料都有哪些；什么时候加盐、什么时候加油、加多少等等。但是，这些标准用照片、文字不好呈现，我们可以用另一种方式——视频呈现。

另外还要注意，既然顾客是冲着菜品的口味来的，说明这家酒店的菜品口味已经很好，得到了顾客的认可。换句话说，酒店要在这个口味的基础上定标准，不要乱增加东西。标准定好之后是可以复制的，等到酒店要开分店时，也可以沿用这个口味标准，培养十几个成熟的厨师。反之，没有标准就没法复制，假如某家酒店有九个分店，每个分店的口味都不一样，怎么吸引顾客呢？

所有标准全部定好之后，该拍照的拍照，该录像的录像，用照片和视频来培训厨师，那么做出来的菜至少80%的口味是一样的。可能很多人会说，中餐做不到标准化，但实际上，真功夫100%标准化了，外婆家50%以上的菜也标准化了。其他酒店一下子达不到这么高的标准，可以先从一道菜开始，一道菜能做到标准化，那么两道菜也可以，慢慢地，所有的菜也就都能标准化了。

（2）上菜速度的标准

上菜速度到底有没有标准？点菜之后10分钟上菜是快还是慢？很难说，这跟菜品有关。比如"乌龟炖蛇"这道菜，工序本来就很复杂，50分钟做出来也算是快的了。而一盘凉菜，5分钟还上不来就太慢了。所以，不同的菜有不同的标准，把标准分别定清楚了，才有可能去谈快慢的问题。

以凉菜为例，点完之后，如果厨师3分钟能做好，那就可以把标准定为4分钟。这个标准是要贴在墙上让顾客知道的，不让顾客知道，他们就只能根据自己的感觉来判断快慢了。所以，要贴就贴做得到的标准，做不到的就不要贴了。假如贴出来的标准是6分钟，结果5分钟就上菜了，顾客自然会觉得快，但如果做不到的话，则会产生反效果。

外婆家就是这样做的。外婆家上一道热菜的标准是15分钟，严格说起来，这个上菜速度算是慢的了，但顾客却认为很快。为什么？因为在上菜之前，服务员会对顾客说："先生，我们第一道热菜需要15分钟。"结果13分钟就上来了，所以顾客才会觉得快，这是一个技巧。由此也可以看出：没有标准就不要谈快慢，定好标准之后要让顾客知道。

餐后收尾的标准

餐后收尾主要是指打扫卫生和物品摆放。厨房使用了一天,必须打扫卫生,清理下水道、垃圾筒等,保持整洁。另外,使用过的物品要摆放整齐。厨师的、点心房的、凉菜间的、杀洗间的、切配间的,东西要各回各位;清洁用的抹布和工具要分门别类放好;餐前的、餐中的、餐后的,生熟分开,区别放置。即使是一个调料袋,也要用红色、绿色、蓝色等不同颜色区分清楚。蔬菜怎么放、毛巾怎么放,统统有标准。

为了更直观地说明,可以使用图片,即使不识字的人,一看图片就都清楚了,当然如果加上文字说明就更好了。当所有的东西都有了标准之后,厨房就会变得像工程部一样干净整洁了。

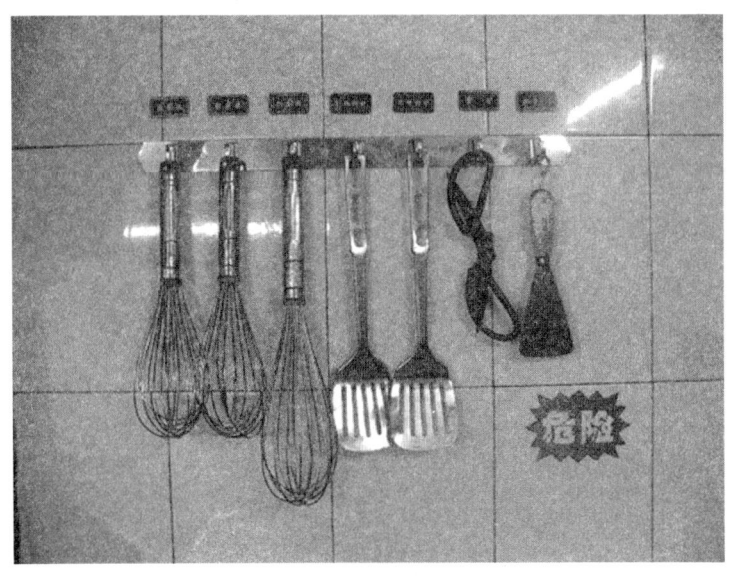

图3-8 厨具摆放整洁有序

案例

下面是某酒店厨房管理的标准,包括餐前准备、餐中出品和餐后收尾。

第一,做好当餐的餐具和厨具的卫生,做好餐前的准备,确保符合《食品卫生法》的要求和酒店厨房的卫生要求。

第二,检查当餐的厨具是否完好,根据预订的情况和顾客的情况做好初加工和切配等工作,蒸笼、点心、冷菜等岗位要准备菜的原料、配料、半成品……开餐前,厨师长检查这些工序是否到位,没到位的要进行整改。

第三,在制作食品过程中,厨师如果发现个别食品原材料有异样、异味,经厨师长确认后,作报废处理。如果有大量原材料变质,厨师长须通知总经理、前厅经理、采购员、质量员共同到场确定,填写食品报废单。

第四,掌握好出菜的速度,既要保证菜的质量,还要跟服务员的服务质量挂钩。

第五,餐后整理也要按照《食品卫生法》的要求,把当时未用完的粗食、半成品分类保存,严防食品的污染。做好餐具和厨具的卫生,厨房的地面保持干净。各种设施、设备保持清洁,无水渍。

手机扫描二维码后,输入"GYSD06",您将看到更多包厢服务员的基本运作程序。

点评

对于餐饮酒店行业来说,《食品卫生法》非常重要。新出台的《食品卫生法》跟以前的完全不一样,尤其是对食品添加剂提出了更多、更高的要求,酒店需要了解和学习。

至于餐中的生产,要分工负责,确保质量,注意节约。对很多厨师来说,节约的观念很模糊,特别是一些辅料,浪费很大。比如切一个青椒,厨师一般是两头一切,中间一拍,剩下的都扔掉。作为厨房的管理者来说,这些下脚料虽然不能给顾客吃,但有的可以作为废弃物利用。

再说上菜,并不是厨房的菜上得越快越好,有时候也需要配合前台。菜上得慢了,顾客当然会着急,但如果上得太快的话,又容易使顾客误以为在催促他们赶紧吃完了走人,这会让顾客感觉很不舒服,影响前台的服务质量。

总的来说,有了上述标准,厨房的情况肯定是好的。我们把这种最高级、最好、同时也是最简单的管理标准叫做"傻瓜标准"。

传菜部的工作标准

表3-2 传菜部传菜程序与标准

程 序	标 准
1. 餐前准备工作	·在传菜台右侧准备20个左右干净无损的方托盘; ·将准备好的托盘整齐地摆放在传菜台的左侧; ·准备好配料及刀、叉、蟹钳、蟹勺、勺等。

（续）

程　序	标　准
2. 传送冷菜	• 传菜员接到订单后，检查订单上是否写清订单时间、服务员姓名、顾客人数、台号及日期； • 检查订单上是否有顾客的特殊要求，如有，马上通知厨师长，并将结果告诉服务员； • 通知凉菜部制作凉菜，并保证在5分钟内送进餐厅。
3. 传送热汤	预计顾客吃完凉菜后，将热汤送进餐厅。
4. 传送热菜	• 传送热菜时，先传高档菜，如鱼翅、鲍鱼、大虾等，后传鸡、鸭、肉类，最后传蔬菜、炒饭，如顾客有特殊要求，应按照顾客要求传菜； • 小吃配相应的热菜送进餐厅时，要注意辛辣的小吃配清淡的菜。
5. 传送甜食	接到服务员通知后，请厨师制作，送进餐厅不得超过10分钟。
6. 收尾工作	• 将所有托盘收回； • 将托盘及餐具送清洗部保管。

表3-3　传菜部送食品进餐厅的程序与标准

程　序	标　准
1. 准备工作	准备好需要的调味品，并配好餐具。
2. 送食品进餐厅	• 所有的食品必须在做好后的2分钟内送到顾客餐桌上； • 食品送进餐厅后，传菜员要站在桌面旁边，准确告知餐厅服务员菜单的名称和台号； • 如果房间里没有服务员，传菜员不得将菜放在工作台上就走开，应出去叫一下其他厅房的服务员，上了菜才可以离开； • 服务员站在主人右侧，双手拿起托盘的菜，放在顾客餐桌上； • 每上一道菜，都要向顾客报菜名。

表3-4 食品质量的程序与标准

程　序	标　准
1．传菜部领班检查食品质量及数量	·每一道菜从色、香、味上都要符合标准，不合标准的立刻退给厨师长； ·每道菜做出以后，首先由传菜部领班观察食品数量是否合格； ·保证食品新鲜、不变质； ·传菜部领确认每一道菜与顾客订单相一致，才可以将菜送进餐厅。
2．餐厅服务员再次检查食品质量及数量	传菜员把菜送进餐厅后，餐厅服务员再次检查食品质量，保证菜的种类、分量与顾客订单一致，然后再端到顾客餐桌上，否则退回厨房，请厨师长解决。
3．妥善解决顾客关于食品的投诉	·如果顾客投诉食品质量问题，服务员应对顾客表示诚恳歉意，并马上将此道菜撤掉，退回厨房，并立即通知楼面经理； ·楼面经理向顾客道歉，并征得顾客同意，请厨师长重新制作此道菜，并保证质量； ·餐厅营业结束后，将顾客的食品投诉记录在餐厅每日报表上，以通知常务副总。

达到满意度指标的三张表格

我们在前面已经说过，让顾客满意是酒店制定各种标准的最终目的。这是站在酒店赢利的角度上说的。在现实生活中，酒店要持续健康地发展，光有赢利也不够，这是因为运营是一项系统工程，除了顾客，酒店员工、老板都会参与到这个系统中。换句话说，只有所有参与者——顾客、酒店员工、老板——都满意了，系统才能维持运营，酒店才能持续健康地发展。所以，这里所说的满意度，包括顾客满意度、员工满意度和老板满意度三个方面，这三种满意度之间的关系是相辅相成的。

当然，首先必须是顾客满意，这样酒店才有了赢利来源。酒店员工是为顾客提供服务的，所以要使顾客对服务感到满意，酒店老板也必须让员工满意。假如老板给了员工高工资，但员工提供的服务却不到位，使酒店失去了顾客，这一下，老板肯定不满意了：降工资、减福利，必定会造成员工不满意，他们的服务水平进一步下降，顾客的满意度也跟着下降。这样酒店就陷入恶性循环。事实上，只有顾客满意，员工才会满意；顾客和员工都满意了，才会最终让老板满意。而很多酒店老板只想到自己满不满意，不考虑顾客和员工的满意度，这样的想法是需要纠正的。

那么，怎样才能使三方面都满意呢？我们会用到下面三种表格：顾客满意度指标表、员工满意度指标表和老板满意度指标表。

顾客满意度指标表

顾客满意度是与酒店经营息息相关的一项指标。酒店要赢利，必须先让顾客满意，只有顾客满意了，酒店才能慢慢积累口碑，才能吸引更多的顾客，才能求得发展。顾客满意度有五个指标。

第一个指标是客流量。客流量是如何计算的？假设一家酒店有300个餐位，如果坐满就是300人，但这个数据是不固定的。通常情况下，4人桌可能只坐了2人，10人桌可能只坐了8人。这样的话，所有餐位都坐满了，也许只有220人。第二天坐满也许是

240人，有的桌子可能翻了两次台。综合起来就会发现，这家酒店某天的客流量是多少人、昨天是多少人、前天是多少人，加在一起，一个月的客流量就算出来了，然后根据这个月的客流量来定下个月的客流量指标。也可以根据去年同期的参考值来定下个月的客流量指标。

第二个指标是回头率。回头客是酒店赢利的核心。什么是回头客？回头客如何统计？比如我是主人，今天请了几个人来某家酒店吃饭，第二天又请了另一些人，还来这家酒店吃饭，那么我就是回头客，被请的人则是第一次来这家酒店，不算回头客。但是到了第三天，这些被请的人之中，有一个人请我吃饭了，这个人是回头客，还是新增顾客？

通常，我们以付钱的人为标准来统计回头客，因为付钱的人在酒店都有记录，这样统计起来更方便。请我吃饭的这个人，虽然是第二次来酒店，但他是第一次请客，也就是第一次付钱，所以只能算新增顾客。简单来说，第一次付钱是新增顾客，第二次付钱是回头客。100位顾客中，有20位成为回头客，那么酒店的回头率就是20%。有了这个数字，我们就能看出效果了，就能知道顾客有没有增加、有没有达到预期目标，不需要非常精确的数据。做统计最怕没有数据，像回头率这样的指标，酒店关注的主要是它的增长，这是最难的一个，也是最重要的一个。如何赢得回头客，提高回头率？第一，满足顾客的需求；第二，超出顾客的期望。这是两个层次。

第三个指标是新增顾客数。 统计新增顾客数也是有点困难的，或许有误差，但是无伤大雅。可以参照回头率的统计方法。

第四个指标是顾客满意率。 有100位顾客光顾酒店，其中多少位顾客对酒店的服务感到满意？这就是顾客满意率。要得到这个数据，一般需要调查，但是我现在不太鼓励做调查，因为很难调查出真实的意见。当问顾客意见的时候，他们是说有意见好还是说没意见好？有的顾客本来没有意见，服务员一问他，他就有意见了，因为他的目的是为了打折。更多的顾客是这样，问他怎么样，他基本上都说"好"，这是因为中国人爱面子。

真正满意不满意，不取决于顾客说了些什么，而要看他有没有再次光顾。没有再次光顾、继续花钱的话，顾客嘴上说满意，这种满意也没有任何意义。因此，我不鼓励这种得不到真实答案的调查。

第五个指标是投诉率。 投诉率没有一定的标准，但是我们总希望越低越好。如果一家酒店只有300个餐位，每天收到10位顾客投诉，这个投诉率就太高了。像上面讲到的顾客满意率的调查，需要很多技巧，做起来太麻烦，所以可以用投诉率来代替。不管顾客满意不满意，只要不投诉，我们就可以理解为他满意了，这样能更直接地了解顾客的想法。统计投诉率也可以改成统计投诉的次数。

在统计顾客满意度指标时，经常会用到下面的表格。

表 3-5　顾客满意度指标表

项目/日期	日		周		月		季		年	
	午	晚	上	本	上	本	上	本	上	本
客流量										
回头率										
新增顾客数										
顾客满意率										
投诉率										

这个表格非常重要。第一，可以帮助酒店定目标。做任何工作都要有目标，有目标才会出成绩。第二，可以帮助酒店管理层调整目标。目标定下来，是要能够实现的，定得太高，实现不了，再好的目标也是空谈；定得太低，不用费力气也能实现，这样的目标即使实现了，也没有意义。每家酒店的目标各有不同，酒店管理层可以根据这个表格反映的情况，进行适当地调整。第三，酒店老板可以根据这个表格，判断他支付给管理层的高薪是不是值得。如果客流量每天上涨，连续涨了一年，说明管理层做得很好。相反，客流量时涨时降，3个月之后出现总体下降，这就说明酒店的管理一定出问题了。顾客投诉越来越多，通常也是管理问题导致的。从这个意义上讲，这个表格就是衡量酒店管理层工作好坏的重要指标。

在顾客满意度这个问题上，酒店老板和管理层需要树立两个理念。

第一个理念，有投诉是好事。为什么这么说呢？据权威部门统计发现，只有当35个人都感到严重不满时，才会出现一个投诉。也就是说，投诉的顾客是还想再次光顾酒店的，是希望酒店能改过的。对酒店来说，这是非常宝贵的资源。

手机扫描二维码后，输入"GYSD07"，您将看到由邵德春老师主讲的"酒店职业经理人管理实务"的部分课程视频。

第二个理念，明确规范怎样才算是投诉。关于这一点，很多酒店都没有明确的规范。比如，顾客跟服务员说这道菜不好吃，这算不算投诉？酒店可以明确规定，顾客找领班投诉才算投诉，找服务员投诉则不算。所谓"部门投诉"，就是顾客找部门经理投诉。所谓"门店投诉"，就是顾客找店长投诉，这就需要在酒店的席位台上放置店长的投诉电话。如果有三五家门店，怎么算呢？店长处理完事情后，可能就把顾客的投诉抹掉了，所以酒店可以在店长投诉电话下面再加一个总部投诉电话，顾客就会直接打电话到总部投诉，不打电话到总部的不算。由于投诉的范围太广了，有些可以算，有些可以不算，所以才需要鉴定清楚。有了明确的规范，员工处理起来就不容易出问题了。

员工满意度指标表

员工满意度是酒店老板必须关注的,因为它关系到酒店能否吸引人才和留住人才。

春秋战国时期,有一个小国家的君主想要买一匹千里马,不惜花一千两黄金,派了一个大臣四处寻找。这位大臣找遍全国,最后回来面见君主,说:"我找到了千里马,但是它已经死了,我就花五百两黄金把死马的骨头买来了。"君主一听大发雷霆,要杀了大臣,大臣说:"我花五百两黄金买了一匹死马的骨头,这个消息传开以后,大家就知道您是真的喜欢千里马,有千里马的人就会千方百计地把马送来。"后来果然不出大臣所料,很多卖马的人自动找上门来,君主终于买到了称心如意的千里马。

大臣的做法就是树标杆。当酒店给普通员工的薪酬颇为可观时,那些有才能的人就会慕名而来,这样酒店就可以找到合适的人才了。所以,酒店要先让现有的员工满意,自然就会吸引更多的人才。

白鹿酒店的员工就是这么找来的。白鹿酒店开在西湖边上,它不用对外招工,要开分店招人的时候,先向内部职工传达招聘信息,这样,员工的亲朋好友就都来了。因为酒店的员工满意度很高,一传十,十传百,大家都慕名而来。很多员工一家三代都在白鹿酒店工作，爷爷奶奶洗碗，爸爸妈妈做厨师或经理，孩子做服务员。

作为酒店老板，在招人、留人这些问题上不要太心急。当一家酒店有100多名员工时，你只要抓住5名员工的心，他们每位就能影响另外5个人，这样算下来就有了25个志同道合的人了。以此类推，很快人才就够用了。当然，其中最关键的是员工满意度。很多酒店老板自认为员工的满意度很高。有老板跟我说，他的员工90%以上都满意，结果我去酒店一看，发现员工干活比牛还累，吃得比猪还差，住的地方又脏又乱，这种情况下，哪还有什么员工满意度可言？我曾在杭州一家四星级酒店做过总经理，主要管理客房、工程和保安。当年这家酒店的餐饮部有3000多个餐位，生意很好。可是酒店员工吃的是什么？是厨房择青菜剩下的黄叶，用油渣煮一下，拿给员工吃。第一次吃也还好，但是接下来一天三顿都吃这个，十几天之后，大家闻到这种味道都想吐。

如果酒店的生意已经很好了，顾客满意度已经很高了，这时候就应该把重心转移到员工满意度上来。提高员工满意度是酒店管理层要做的事情，管理层要有这种意识，有了这种意识，肯定就知道该怎么做了。

员工满意度也有具体的指标，包括员工流失率、人才培养和员工投诉等。在这些指标中，最容易被酒店忽视的是人才培养，尽管它至关重要。培养后备人才，要注重培养两种人：一种是优秀员工，另一种是管理人员。厨师长需要培养，总经理也需要培养，如果没有后备力量的话，关键人才走了，酒店的经营管理就要乱套。

这里还需要强调一点，员工满意度的各项指标必须是直接落地的，要能体现在绩效考核上，无法落实到绩效考核上的指标再完善也没有用。下面来看某酒店的员工满意度统计表，这个表格做得非常好。

表3-6 员工满意度统计表

项目/日期		月		季		年	
		上月	本月	上季	本季	上年	本年
员工满意度		82%	90%	78%	85%	71%	80%
员工流失率		4人 6.66%	3人 5%	13人 7.2%	8人 4.4%	78人 10.8%	40人 5.5%
人才培养	优秀员工	6人	7人	15人	19人	55人	70人
	领班/主管	1人	1人	2人	3人	8人	9人
员工投诉		11次	8次	29次	20次	135次	90次

如果调查不够科学细致，员工满意度的参考意义就不大。老板说员工非常满意，但流失率却是100%，这有什么用？也有些酒店的员工确实很满意，每年的流失率只有10%，这才是餐饮酒店行业正常的流失率。

有的员工当面说"很满意"，结果却辞职了，这是因为他们不敢说"不满意"。这就说明酒店调查的数据失真，缺乏参考价值。面对这种情况，酒店可以用员工流失率、人才培养和员工投诉这几个指标来代替。这3组数据足够向我们揭示真实情况。

员工流失的情况很容易统计，是用数字还是用百分比？单店用数字更合适，如果3家以上的分店之间要进行比较，最好用百分比，这样更直接。比如要定下个月的员工流失率指标，因为下个月还没开始，可以参考上个月的数据，先定下一个差不多的，等确切的数据统计出来了，再进行比较，是上升了还是下降了？上升，就说明员工管理出了问题；下降则说明一切正常。在餐饮酒店行业，流失率保持在多少算是合理范围呢？我的建议是不要参考别人的，酒店上个月的指标是多少，下个月也定多少，或者更少。假如酒店上个月离职的员工有10位，这个月有9位，这种情况就是可以的。酒店不要一下子把指标定为1位，这也是不太现实的，只要不超过10位就可以了。为什么说不要参考别人的呢？比如别家酒店上个月有6位员工离职，自己的酒店就必须离职5位或者更少吗？显然不能生搬硬套，否则可能导致核心员工的流失，使酒店的情况越来越糟。

在人才培养方面，酒店应有规划，形成人才梯队，培养几位优秀员工，培养几位管理人员，这个要求并不高。在培养优秀员工方面，有些酒店持保守态度，酒店老板认为："我只有一家店，不需要这么多管理人员，也就不需要培养过多的后备力量。"这种想法是不对的，任何企业要发展，都需要强大的后备力量。酒店建设人才梯队，当某位管理人员有变动时，其他人可以随时顶上。培养人才时，在待遇方面可以继续保持员工待遇，但在能力方面则要求他们具备管理人员的能力。

关于员工投诉，如果7月份投诉了3次，那么9月份保持在2

次或 2 次以下最好，最多不能超过 3 次。投诉率呈下降趋势才是比较合理的。员工没有流失，而且投诉减少，这就说明酒店管理得好。假如员工没有流失，但投诉很多的话，就不能说酒店管理得好了，但也不一定就是管理得差，因为员工有各种抱怨，这是很正常的事情，关键是不流失。一般来说，员工找上司投诉不算投诉，只有找上司的上司才算投诉，这说明员工对上司不满意。员工到人力资源部投诉要重视，离职之后的投诉也要重视，因为人都要走了，这时候说的话一定是真话。很多员工在职的时候未必敢说真话，肯定是心中有所抱怨，离职之后才会一吐为快。

我建议酒店设置董事长信箱，或者总经理信箱，只有董事长和总经理可以开箱，其他各级主管都没有开箱的权力，这一点要切记。要是各级主管也可以开箱的话，他们看完之后把信撕毁了，就起不到任何作用了。还有一点也很重要，董事长或总经理接到投诉后怎么处理，如果处理不当，以后谁也不敢投诉了。

老板满意度指标表

老板满意度指标主要是财务指标。酒店在 2014 年的营业额目标是多少？成本费用的目标是多少？下个月的营业额目标是多少？成本费用目标又是多少？这些项目都是酒店赢利的基础，必须清晰地列出来。酒店没有这些基础，酒店老板不先把这些基础搞清楚，其他事情都是空谈。

酒店的管理人员要学会把目标分解，比如今年的营业额要达到

1900万元，比去年增加35%，成本费用下降8%。这些指标光细分到季度、月度、每天还不够，还要细分到整个酒店的客房部、餐饮部，甚至还要细分到酒水是什么价格，菜品是什么价格，不然的话，如何来一步一步达成这些指标呢？

根据酒店规模的不同，营业额方面也有天壤之别。一些大酒店每年的营业额可以达到四五亿元，而一般的酒店只有几千万元，相比之下，那些小门面、小店铺就更少了。所以，酒店营业额目标应该达到多少，没有统一的标准，酒店只需要跟自己比，没必要跟别人比。具体来说，酒店制定营业额目标，有两种数据可以提供参考。

第一种参考数据是去年同期的营业额。 比如，酒店可以根据去年10月的营业额，来制定今年10月的营业额指标。假设去年10月的营业额是100万元，那么今年10月的营业额目标定为110万元是比较合理的。一般情况下，营业额都是上涨的，当然，不涨或者涨得很少也是可能的，若是碰到大环境不好，还可能会下降。至于大环境趋势的判断，这是酒店老板的事情，与酒店的定位和赢利方式有关。

第二种参考数据是上个月或者上上个月的营业额。 比如要制定下个月的营业额目标，可以参考上个月或上上个月已经实现的营业额。

酒店同时参考以上两种数据，制定出来的营业额目标往往更合理。但也有只适合参考其中一种数据的情况，比如餐饮酒店行业受大环境的影响比较大，去年同期的营业额数据参考价值不大，只好和上个月或者上上个月相比较了。假如是新酒店，才开张几个月，也应该以上个月的营业额为参考。

营业额一般划分为食品、饮品和外卖3个部分，如果还有其他的，也可以加上。划分得越细，实现起来越容易。成本费用主要细分为人员工资、奖励、员工福利、差旅费、业务招待费、水电费、税费、赠送、营业折扣、电话费、培训费、办公费用、易耗品等。成本费用的目标制定方法跟营业额一样。

表3-7 某酒店营业额目标表

		2013年6月	2013年7月	2014年7月
营业额目标		169.2万	170万	171万
成本类				
	直接成本	88万（52%）	80.82万（48%）	81.4万（47.6%）
费用类				
	人员工资	23.7万（14%）	24.16万（14.2%）	25.65万（15%）
	水电费	6.9万（4%）	4.7万（2.8%）	4.28万（2.5%）
	税费	6.8万（4%）	5.45万（3.2%）	5.13万（3%）
	营业折扣	2.4万（1.4%）	1.5万（0.9%）	1.71万（1%）
	员工福利	2.17万（1.3%）	2.4万（1.4%）	2.39万（1.4%）
	洗涤费	0.6万（0.4%）	0.3万（0.2%）	0.17万（0.1%）
	业务招待费其他费用等	0.7万（0.4%）	0.6万（0.4%）（培训费比较多）	0.68万（0.4%）
费用合计		43.27万（25.5%）	39.11万（23%）	40.01万（23.4%）

一般来讲，营业额目标是往上涨的，而直接成本目标是下降的。但是，酒店不能盲目地追求成本下降，降到一定程度，顾客都跑了，那就得不偿失了。实际上，有的酒店毛利过高，就是以降低顾客满意度为代价的。我们知道，成本下降是有前提的：第一，菜价不能动；第二，菜品的标准也不能动。因为动这两个方面，对酒店来说是很危险的。那么，成本要怎么降？哪些方面可以降？这就需要酒店的管理人员开动脑筋了。比如，酒店厨房的浪费特别大，就可以想办法杜绝浪费。说到杜绝浪费，绝对不是盐少放一勺、辣椒少放一只的问题，而是一个系统工程。

再来说费用。表3-7里"费用类"中没有计入房租。有很多酒店，房子是老板自己的，这种情况要不要把房租算到费用中呢？正常情况下是应该算的。这里涉及一个"机会成本"的概念。机会成本可以理解为：将一种资源投入某一特定用途以后，所放弃的其他用途所能获得的最大利益。简单地说，酒店老板如果不开酒店，而是把房子租出去，那么获得的租金就是他的机会成本。比如，房租是每年100万元，这100万元是应该划到老板本人名下的，是他个人资产的回报，跟经营不经营酒店没有关系。

某酒店老板告诉我，开酒店的房子是他自己的。我问酒店的纯利润率是多少，他回答说15%。如果不算房租，这个利润率是相当低的。算投资回报的时候，是要从营业额中减掉成本和费用的，而房租就包括在费用里。即使房子是老板自己的，也要计算房子的机会成本。不把房租算进去的话,这15%的纯利润率说不清楚,到底是赚是赔,老板心里也没底。

那么,为什么在上面的表格中不算房租呢?因为房租的高低是由房子的所有人——老板来决定的,跟酒店的经营管理基本上没有关系,所以在讨论酒店经营管理时,我们就不多加讨论了。同样的,在"费用类"的大项下,除了表格中列出的人员工资、水电费等,还有诸如折旧费这样的项目,要不要也算在费用里?视情况而定。基本的原则是:如果能够控制,就算进去;如果不能控制,就不要算。比如某酒店的厨房有8年没有装修了,冰箱的把手坏了,换了一个木把手,只要冰箱可以制冷就行了,不影响正常使用。这样的折旧就是所谓"能够控制"的。能够控制,就有成绩;不能控制,就是损失。

水电费应该是酒店降低费用的重点。水电跟空调、炉灶等设备有一定的关系,酒店可以采用新型节能设备,这样虽然一开始的费用较高,但从长期来看,水电费将会大大降低。至于员工福利,可以采取分红的机制,把酒店的一部分纯利润分给员工,采用10股投资、11股分红的方法。也就是说,10位员工投资,每人投1万元,分红的时候是分成11股,其中的1股直接分给员工。在管理方面,营业面积小的酒店,对管理人员管控能力的要求要小得多,所以不需要聘请专门的职业经理人,这部分的费用就能省下了。

案例

下面来看看某家酒店的营业额目标情况。

江苏某酒店有400多个餐位,2012年9月份的营业额是61万元。其中,人员工资占12.5%、水电费占3.2%、税费占5%、营业折扣占1%、洗涤费占0.65%、业务招待费和其他费用(包括房租)占2%。总体计算下来,费用占24.35%,直接成本占52%,利润是23.65%。

到了2013年7月,这家酒店的营业额明显下降。因为酒店的主要客源是周围一些企业的工作人员。随着有的企业食堂的改善,客流量明显减少。还有一个原因,酒店周围部分企业搬迁了,直接影响了酒店的营业额。与去年同期相比,酒店的营业额只有58万元,下降了4.9%。人员工资、水电费、税费等费用和直接成本合计是77.55%,利润是22.45%。

尽管硬件条件一般,没有经过装修,这家酒店的口碑还是比较好的,所以营业额目标还是上涨了。2013年9月的营业额目标定在65万元,直接成本目标下降到51%。尽管生意不如去年,但是酒店员工的工资上涨幅度还是很大的,因为酒店老板认为,要想留住优秀员工,除了精神激励外,还要保证物质激励。通过提高工资,就可以把优秀的员工留下来。其他的费用项目,水电费是4%(因为高温天气多,电费相应增多)、税费是4.5%、洗涤费是0.04%、其他费用是2%。总计起来,费用和直接成本下降到76.14%,利润则提高到23.86%。

点评

总的来说,各项财务指标的制定并没有固定标准,主要取决于酒店老板想要什么。具体标准必须依每家酒店不同的情况而定,

> 光是照搬其他酒店的标准，实际帮助并不大。财务指标定下来之后，应该是可以达成的。比如，酒店去年同期的营业额是170万元，今年也把170万元或180万元设定成目标，这就是"可以达成的"。如果设定为1000万元，就有些不切实际了。设定的目标最好是"跳起来能摸到的"。

财务指标完成与否，最终要落实到厨师长和经理身上。所以，这些指标必须是经过酒店管理层认可的，如果只是老板自己定的，实现起来难度太大，谁会愿意来帮老板达成呢？当然，老板可以把指标与厨师长和经理的绩效挂钩，根据指标实现难度的高低不同，他们能够得到的报酬也不同。指标定得低了，奖励就少一点；定得高了，奖励就多一点。

最后特别说一句，酒店要健康发展，在财务管理方面一定要聘请专业的财务人员。很多酒店的财务管理都不规范，有些酒店老板让自己的亲属来负责财务，以为这样就能避免弄虚作假。还有些酒店，直接交由老板娘管钱，这些做法都欠妥当。不是说钱进了老板娘的口袋有什么不对，但如果她身居其职却又干不了财务的工作，就会对酒店的经营管理造成不良影响。聘请专业的财务人员，月工资三四千元，可以做很多事情。而且，不同工资档次的财务人员，工作水平也不同。根据我的经验，如果酒店的规模不是很大，聘请月工资4000元的财务人员就足够了。月工资6000元的财务人员不仅会做账，还可以管控。其实，财务的核心不是做账,恰恰就是管控。在我看来,财务人员的工资应该比厨师长高,这种水平的财务人员才能发挥出他应有的作用。可是很多酒店的财务人员工资都偏低,这是因为他们本身的技能不达标,如果只是要求做账做得清楚的话,在杭州月工资3000元就能招到人了。此外,酒店还可以考虑使用财务软件。便宜的财务软件要两三万元,贵的从5万到10万元不等。财务软件可以帮助酒店随时掌握各项财务数据。

用标准实现傻瓜式管理

什么是"傻瓜式管理"?我们先从中医与西医的区别说起。

人生病了就要看医生,可是有人相信中医,有人却觉得西医更可靠。我个人的意见是:到底看中医还是西医,主要根据医生的年纪决定。如果看西医,医生年轻一点关系不大;如果看中医,则一定要是老中医。

为什么?因为中医看病讲究望、闻、问、切,大多凭的是悟性和经验。比如,有人发烧,中医往往先问些相关问题,再把脉,然后看舌苔,之后会说:"好像是感冒,先吃两副药看看吧!"你看,连医生自己都不能完全肯定,就很可能药不对症。

西医则不同,听说发烧,他一定会让病人先验尿再验血,验完之后，拿着化验单说："不是感冒，是肺炎。"他是怎么知道的？根据化验单上的数字判断出来的，非常精确，所以病人吃过药之后，病情基本上都会好转。

那为什么我们又可以相信年纪大的老中医呢？假设这个老中医18岁从医，如果是祖传的，那他则基本是从幼年开始就耳濡目染，一直到五六十岁。在做医生的这几十年时间里，他积累了大量的看病经验，所以相对来说更可信。

中外酒店管理的最大区别

我们的酒店管理就像中医一样，也要靠悟性和经验。比如说厨师，有位吴大厨烧的千岛湖鱼头特别好吃，很多客人到酒店吃饭，都是冲着吴师傅的这个拿手菜去的。正好我有个小表弟刚从学校毕业，想学厨师手艺。于是，我就去找吴师傅，希望他能教教我的小表弟。吴师傅看在我的面子上，答应带他3年直到出师为止。3年之后，当我再到那家酒店吃饭时，特意让小表弟给我烧一个千岛湖鱼头，结果做得太咸，根本没法入口。

我问他们经理怎么回事，经理说："你这个表弟烧的菜不是咸就是淡，反正没法吃，老是被客人投诉。"我又去问吴师傅是什么原因，吴师傅说："邵老师，你那个小表弟有点笨，悟性不够，教不会！"

既然学不会，那就不要做了。于是，我建议他到肯德基去做临时工。几天之后，我和儿子去肯德基用餐，特别点了一份炸薯条，吃完之后感觉味道特别好，而这正是我的小表弟炸的。奇怪！小表弟才上班没几天，怎么就能炸出这么好吃的薯条？小表弟告诉我，不需要几天，3分钟便能学会，不信的话，他立即就可以教会我。他说，肯德基首先用全世界统一品牌的机器锅；用全世界统一品牌的土豆，美国来的，中国的还不用，而且大小差不多，洗的干净程度一样；用同一品牌的炸薯条机；然后放同一品牌的油到锅里，再放入几克薯条、盐。边上有个按钮一按，倒计时，两分钟时间到，机器锅叫了，人就马上过去拿起漏斗，装起薯条漏油，10秒钟后立即装袋，装袋之后保证在7分钟之内送到消费者的手里，最好是嘴里，如果送不到就立即扔掉。

果然，3分钟不到，我的小表弟就学会了炸全世界最好吃的薯条，可是他跟着吴师傅学了3年，却怎么学不会做千岛湖鱼头呢？我问小表弟，吴师傅是怎么教他的。小表弟说，吴师傅告诉他：首先要选好鱼头，不要太大，也不要太小，正好就可以了；锅里的水放得不要太多，也不要太少，恰到好处就行了；再放入少许的油、适量的盐和味精；烧鱼头时火候是关键，不能太大，更不能太小，适中就可以了；烧的时间不能太长，更不能太短，差不多的时候就可以起锅了，这样烧出来的鱼头口味最好。

我的小表弟说，他想了3年都没有搞清楚：什么是"正好"，什么是"恰到好处"，什么是"差不多"。所以，我们说中餐厨师是要靠悟性和经验的。没有悟性，没有经验，肯定烧不出好菜。

这就是中厨和西厨的区别，也是中式管理与西式管理的区别。

中国人烧菜和管理都讲艺术，西方人烧菜和管理却是科学，是标准化。或许你会觉得，这正是我们中国人比外国人聪明的地方，足以体现中国人的智商比较高。但酒店管理的水平高才是硬道理，现在的实际情况是，我们的酒店管理太需要标准化了，因为即使是悟性和经验极高的吴师傅，如果哪天刚好和别人吵了架心情不好，烧出来的鱼头味道也会不好。

中外酒店管理最大的区别在哪里？在制定标准的时候，西方人把员工当"傻瓜"，用的是"傻瓜式管理"；中国人则把员工想得都很"聪明"，以为不用说员工也应该知道。结果是在实际的工作中，西方酒店的员工都很聪明，而中国酒店的员工却成了傻瓜。比如肯德基炸薯条的方法，由于实行了标准化、规范化的作业方法，傻瓜都学得会，正常人肯定就更没问题了。我的小表弟学中厨时是"傻瓜"，到了肯德基却成了"高手"，可见不是员工不聪明，而是中国的管理者有点"聪明过头"了。

中国的管理者往往把员工想得太聪明了，总觉得员工应该理解或者揣摩得出自己的意思或意图是什么，从而按照这种意思或意图去做事。但事实却让管理者很失望，他们常常会觉得员工所做的结果跟自己想象的相差很大，或者根本不是一回事，所以经常会去批评，甚至惩罚他们的员工。

中国的酒店到底该怎么管

我们应该学学国际品牌酒店的做法，学习他们的"傻瓜式管理"。到底什么是"傻瓜式管理"呢？其实就是要实现工作的流程化、标准化与规范化。

许多酒店管理人员已经感觉到：现在的服务员真是越来越难招了，以前还要求员工必须是初中毕业，最好是高中毕业，现在只要是小学毕业就行了。我在做酒店总经理的时候，就曾经招进过一个小学毕业的传菜员，培训一个月之后就正式上岗了。他刚工作一个月，顾客就投诉说："上鱼翅怎么不带红醋？"我问餐厅经理怎么回事，经理说："这个员工太笨了，两个月都学不会传菜！"我经过仔细研究后发现，从根本上看还是酒店的管理有问题。后来，我们开始按照标准进行培训，结果不到两天，这位员工就学会了传菜，再聪明一点的员工，两个小时就能学会了。

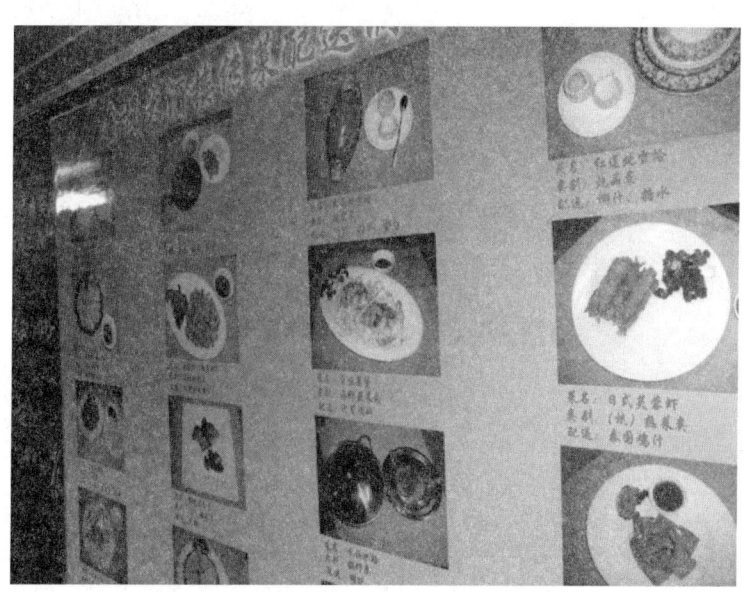

图 3-9　某大酒楼传菜配送酱料图

手机扫描二维码后,输入"GYSD08",您将看到扬州六常法示范酒店的相关视频介绍。

这就是"傻瓜式管理"。如图3-9所示的"某大酒楼传菜配送酱料图",酒店所有需配调料的菜及调料的照片都贴在墙上,传菜员在传菜的时候,只要对一下图片,就知道什么菜配什么调料了。

六常法的核心就是把酒店里每个岗位的操作规范都通过"傻瓜式管理"表现出来。

例如:迎宾员怎么迎接客人?服务员怎么给客人点菜、上菜、倒酒、更换骨碟?领班怎么开班前会?怎么分配检查工作?洗菜阿姨怎么洗菜?切配师傅怎么切菜、配菜?炉灶师傅怎么烧菜?工程部员工怎么维修?财务部员工怎么做账?人力资源部员工怎么招工?安全部员工怎么巡查?经理怎么检查?等等。全部都用"傻瓜式管理"表现出来,以便打造标准化服务、标准化菜品,以及超过国家标准的"放心餐饮店",让顾客认准到六常法酒店用餐。

第三章 标准——流程化让管理更轻松

图 3-10　酒店安全部六常规范栏

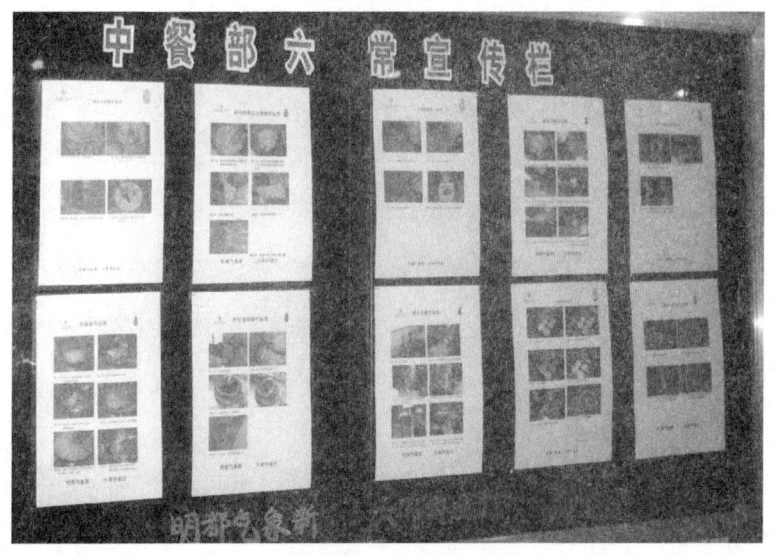

图 3-11　酒店中餐部六常规范栏

第四章

执行——落地才能见实效

1. 执行就是把目标变成结果
2. 提高执行力的两个方法
3. 五大步骤保障执行到位
4. 做好培训，执行才能持续
5. 让员工养成良好的执行习惯
6. 绩效考核是最有效的执行工具

1

执行就是把目标变成结果

什么叫执行？执行就是把目标变成结果的过程。什么叫执行力？执行力就是把老板想要的、酒店的战略意图变成现实的能力。很多酒店工作人员没弄清楚这两个概念，他们以为执行就是酒店叫你做什么，你就做什么。其实，执行首先需要有标准，或者说目标，连目标都没有，根本谈不上执行。在酒店管理中出现的很多问题，往往都与标准有关。要么是没有标准，要么是有了标准却不统一：老板的标准是这样，经理的标准是那样，结果执行起来，大家都找不到方向。找不到方向，老板就会认为是员工的执行力差，员工却认为自己的执行力很好：你让我做什么，我就做什么，找方向不是我的事。这叫有执行力吗？这只是听话照做。举个例子，某酒店上个月的营业额是83万元，酒店经理把下个月的营业额目标定为93万元，结果到了下个月底，酒店营业额只完成了90万，这位经理有没有执行力？有，超过83万元就叫有执行力，只不过他的执行力没达标。

有了标准，有了目标，接下来就要将其分解，落实到部门，落实到个人。酒店管理人员对标准的执行应该始终如一，不能虎头蛇尾，烧一把火后就束之高阁，要坚持检查、督促、推进、考核、总结，要有常抓不懈的韧劲。那么，如何分解、落实目标呢？这就需要将目标细分、量化，层层分解，执行严格的时间表和规范的赏罚措施。时间就是金钱，对于工作时间的开始、结束都应该有明确的规定，这样员工才不能随心所欲。

提高执行力的两个方法

如何提高员工的执行力，酒店可以从如下两个方面着手。

第一，打造优秀的执行力文化。执行力是一套系统的组织行为，能够使酒店形成独有的竞争优势。要想提高员工的执行力，必须在酒店里建立起优秀的执行力文化。首先，要将带有强制性质的制度融入文化，使员工接受、认可，直到把这些制度融入员工的一言一行，实现由他律到自律的升华过程。其次，要建立公平、公开、公正的薪酬体系，将员工的薪酬与绩效考核挂钩，使员工的晋升或降级、奖励或惩罚都有量化的指标作为依据，这样员工才能全身心地投入工作，提高执行力。最后，要形成统一的、正确的价值观。酒店的员工可能来自五湖四海，年龄、阅历、知识结构等千差万别，这就需要有一个正确的价值观，统一员工的认识，引导、规范员工的行为。

第二，要保持顺畅的沟通。沟通是激发组织活力的重要因素，酒店内部沟通是否顺畅，直接决定了各项标准执行的力度和效果。沟通顺畅，酒店上下才不会出现偏听偏信的情况，管理层的意图才能很好地下达，执行层的意见也能得到很好的反馈。这样，在执行过程中有了偏差，能得到及时纠正；有了问题，能得到及时解决。

五大步骤保障执行到位

在第三章中，我们详细地阐述了酒店该如何制定标准，比如前台服务员的工作标准、厨房的工作标准等等。将标准执行落地，这就需要酒店的管理系统来提供保障。只有管理系统到位，标准才能落到实处。简单地说，一套完整的酒店管理系统包括五大步骤：定标、培训、检查、处理和达标。这五大步骤是执行力的根本保证。

定标——管理层和员工的共同标准

定标，即从理论上界定一个标准。定标的时候，既要参考财务数据，又要结合酒店的具体情况，最后还要让酒店上上下下都知道有这么回事。要考虑如何让员工更快地接受标准，使之成为管理层和员工的共同标准，进而形成企业文化，然后再一步一步分解标准，这样才有利于标准的达成。

举个关于冰箱使用标准的例子。只要是往冰箱里放东西，不管是成品还是半成品，一定要挂个小牌子，上面写着菜名、保质期，以及是谁在几月几日几点钟放进冰箱的，这些信息都要在牌子上记录清楚。

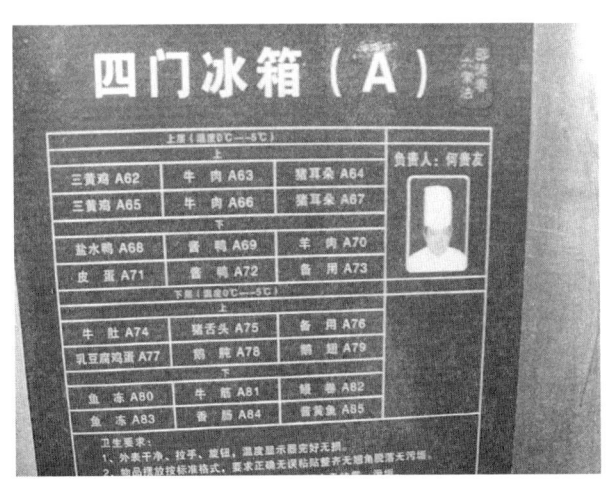

图 4-1 某酒店冰箱使用标准

培训——根据标准进行员工培训

定标之后如果不能落地，这个标准就是空的。定标之后究竟如何来培训？按照标准来培训，有效的培训可以提高员工的工作效率。

以管理标准为例,杭州有一家粗菜馆,它的赢利方式是把粗菜做到第一。怎么做到第一呢?先选择 8～10 道特色菜,把菜品的口味标准固定下来,再逐一解决上菜慢、菜式创新少等问题。这些标准都定下来之后,就要对员工进行培训了。

比如顾客点了"乌龟炖蛇"这道菜,这道菜从下单到上桌要一个小时。如果下单推迟五分钟,要一个小时五分钟行不行?不行,这里涉及的就是标准问题。如果酒店只是把标准定下来,服务员不清楚这道菜是怎么做的、为什么定这样的标准,那他应该怎么跟顾客解释制作时间长这个问题呢?不会解释,所以要培训。

组织员工培训,就是要让大家都知道具体的标准是什么。比如酒店上个月的营业额是多少?成本是多少?这个月的营业额定的又是多少?定出来之后,所有员工都知道吗?必须要培训,要告诉相关人员。培训不是一个人拿着话筒在前面夸夸其谈,不是念几句古诗展示自己的文学修养,文学修养再好有什么用?跟酒店经营管理没有关系。所以,对于培训师来说,即使口才差点也不要紧,只要把该教的教清楚了,员工把需要学的学会了,能够在工作中应用,能增加酒店的利润,培训的目的就达到了,这个培训师就算是一位好培训师。

检查——在检查表格上做记录

做完员工培训并不是就万事大吉了。员工有没有按照培训的标准去做,酒店还要监督检查。有一句话很经典:员工不做你期望的,只做你检查的。酒店检查什么,员工才会做什么,哪里没有检查,哪里必有问题。有问题不可怕，可怕的是查不出问题。检查者查不出问题，那么问题一定就在检查者身上了。这几句话把检查的重要性都说明白了。

检查要制度化

明确了检查的必要性，还要注意检查时应采取什么样的手段才能达到效果。检查要变成制度固定下来，而不是总经理一时的心血来潮，这需要一定时间来培养。公司上下形成检查制度是管理所必需的意识，形成检查和被检查的良好风气，当员工感到不被检查会不习惯时，好的体制就形成了。

某酒店开张三年了，从来不查账。有一天，酒店老板突然通知财务部经理要查账。经理左思右想：一定是哪个主管打了小报告，要不怎么三年都不查，今天突然查账呢？心里不停地猜测。

某酒店的老板告诉新应聘的财务经理："在我们酒店，每个星期都要查账。我不来查就是总经理来查，总经理不来查就是我来查，总有一个。一般情况是：第一个星期我查，第二个星期总经理查，就这么轮着来，连续三年都是这样的。"可是财务经理上任一个星期，已经星期五了，仍然没有人来检查。于是，财务经理只好主动给老板打电话，询问为何还没有来查账。

有效检查的方法

检查分为外部检查和内部检查。

外部检查主要是外部机构对酒店各项工作的检查。就酒店来说,外部检查主要是指政府部门的检查,如消防、安全和卫生防疫部门的检查等。

现实中有一个很有趣的现象,那就是我们很多本土饭店非常害怕消防部门来检查,这与国外的酒店是不同的。国外酒店一般会主动打电话请消防部门来检查,并在检查后主动询问有什么问题或隐患存在,及时解决或排除后,还会请消防部门再来检查,直到没有问题为止。所以,我们的酒店应该转变观念,主动请外部机构来检查,并及时将存在的问题或隐患解决掉。

内部检查主要是酒店各个职能部门针对本酒店的管理所进行的自我检查。主要包括行政检查、职能检查和专职检查。

(1) 行政检查

行政检查简单地说就是领导检查下属,而这种检查必须是越级进行的。也就是说,老板必须时常检查服务员的工作,这也就是检查经理的工作成果。行政检查只能从上至下,只能由领导来进行。

表4-1 某酒店客房服务的行政检查表

	检查客房数目	抽查客房号码	评定等级(A/B/C)	签名
客房领班	50间	101	A	张艳
		102	A	
		103	C	

（续）

	检查客房数目	抽查客房号码	评定等级（A/B/C）	签名
客房主管	10间	207	A	刘陶
		221	A	
		311	B	
经理	5间	205	A	汪洋
		212	B	
		307	A	
老总	2间	209	A	王琰
		211	B	

注：行政检查中检查客房的数目来自以下计算：每天，客房领班专职检查每个服务员的每个客房，主管抽查20%或者30%的房间，经理抽查10%的房间，老总抽查2~4个房间。

（2）职能检查

职能检查就是每个职能部门专门检查自己的工作，比如负责消防的主管或者专员有权检查并提示处理任何有碍消防安全的隐患。如果在餐饮部发现消防通道被桌椅堵塞，可以通知餐饮部经理将桌椅限期搬走。

但在酒店的实际管理中，由于等级的限制，专员往往左右不了上级领导的决定。比如在上述情况中，餐饮部经理可能会拒绝消防专员的提议，假如消防部门查到了该酒店的安全漏洞，那么拒绝改进的餐饮部经理就是第一责任人。消防主管也有责任在餐饮部经理拒绝合作的情况下上报领导，督促领导予以干预。

(3) 专职检查

实行专职检查的职能部门通常被称为"质量检查部"（以下简称"质检部"）。质检部可以组织各位经理联合起来成立一个质检队伍，轮流检查客房部、餐饮部，或者每一个部门抽出一位主管作为质检员去检查。另外，质检部还可以由总经理专门挑选一位质检员，让他做酒店的眼睛和耳朵，专门去查。

对员工的检查应该是随时进行的，因为问题无处不在。要是等到问题发生才检查，顾客就已经尝到了这种有问题的服务所带来的后果。打个比方，服务员给顾客倒茶水，有没有按照倒茶水的标准来？事先没检查，结果没达标——茶水已经洒到了顾客身上，顾客对酒店已经产生了不良印象。所以，检查就变得很重要，而且应该是随时的。试想一下，假如经理在现场监督检查，服务员还会漫不经心地倒茶水吗？绝对不会。要使服务员养成"经理在场不在场都一样"的职业习惯，就必须随时检查，关注餐中服务的动态。

制定检查表格

酒店可以根据培训的标准来制定检查表格，再按照表格进行餐前、餐中和餐后检查，就会收到事半功倍的效果。

检查出的问题，必须在表格上做记录，记录的结果将作为绩效考核的依据。像前面讲到，顾客点了"乌龟炖蛇"这道菜，服务员应该怎么讲，酒店已经培训过了，模拟考试也考过了，但是遇到现实情况，服务员真的会这么说吗？检查了才知道。走到哪儿，查到哪儿，结果无非两种：服务员按照标准做了和没有按照标准做。不达标的要记录，达标的也要记录，任何事情都要拿表格来说话。有的检查者总是出现这样的问题：拿表格来了，也检查过了，就是没有记录。不记录等于没有检查。服务员有服务员的检查表格，厨师长有厨师长的检查表格，经理有经理的检查表格，所有的检查记录都要白纸黑字地贴到墙上。

处理——按检查结果进行奖罚

检查完了不处理，这种检查就是走形式，起不到任何实际的作用。如果酒店没有处理的环节，那么前面三个环节，包括定标、培训和检查也就缺乏落地保证。员工为什么要按照标准来做？因为不按标准要受到处罚。比如，酒店规定服务员上班时间不能玩手机。标准在这里，可有的服务员就是不遵守，被检查到不达标之后，不批评他、不处罚他行吗？不处理的话，其他服务员马上就会有样学样，都玩起了手机，酒店的这条标准也就成了一纸空文。所以，检查过后怎么处理，是奖是罚？奖谁、奖什么？罚谁、罚什么？当天就要公布。这样员工才会受到刺激。管理其实并不复杂，做到赏罚分明就行了。

处理的方式有两种：一种是奖惩处罚；另一种是绩效考核。其中，绩效考核是处理方式的核心内容，在第五章会详细论述。具体来说，奖惩处罚又包括只奖不罚、又奖又罚、只罚不奖等，具体采用哪种方式，酒店可以根据实际情况而定。

表 4-2 某酒店员工惩罚/奖励通知单

当事人姓名	部门	职务	员工编号

基本情况描述： 时间： 年 月 日 时 分 发现人签字： 员工本人签字：
部门负责人调查意见： 时间： 年 月 日 时 分 部门负责人签字：
人事部调查意见： 部门负责人签字： 年 月 日
常务副总（总经理）意见： 签字： 年 月 日
人事部已于 年 月 日 时 分收到员工 的惩罚/奖励通知单   签字：

每一张惩罚单都要严格遵照程序，经过各个环节的审核。具体说来，受罚者的顶头上司只有建议权，人事部根据具体情况核准这个惩罚是否公平，处理是否得当，与有关规定是否冲突。受罚者本人签字后，再报领导批准，人事部再执行，最后惩罚单的其中一联要转给财务处，发工资的时候直接将罚款扣除。表 4-2 是某酒店员

工惩罚/奖励通知单的样式，配合规范的程序使用，这样就能使每个奖惩都书面化、正规化。图4-2是一个奖惩处理的具体程序。

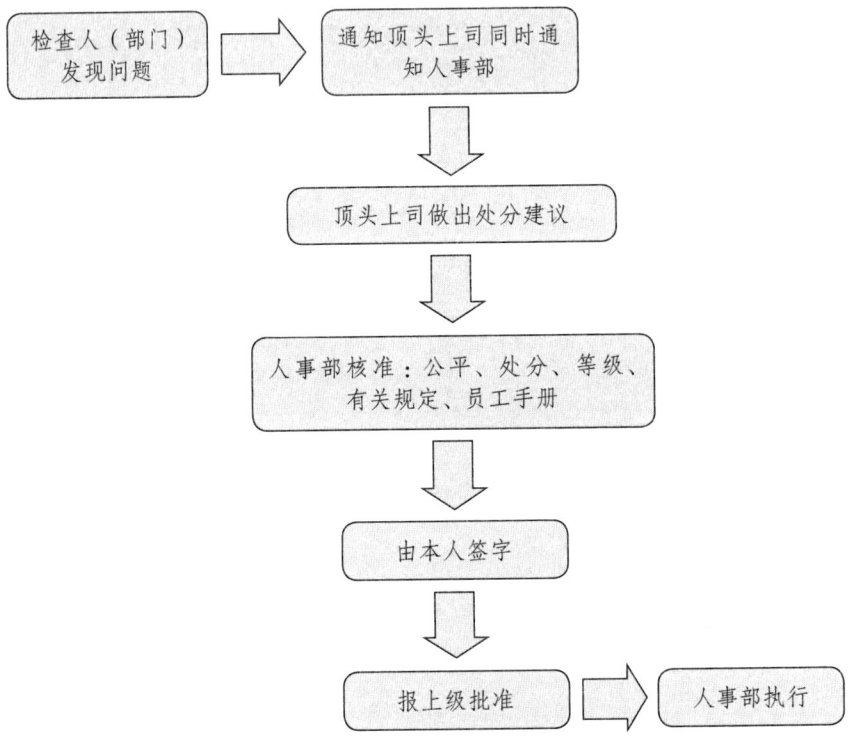

图4-2 奖惩处理的具体程序

看似简单的程序，却体现着一种法治的理念。奖励和处罚都必须有按照制度执行的程序，这样可以保证奖励或者处罚的公正性、公开性。法治的好处就在于避免冤假错案，经过多人审核后的处罚决定，受罚者就会心服口服，不会觉得自己被冤枉了，会真心地接受惩罚而改过。

在这方面，有些酒店的做法比较值得借鉴。

某家酒店的前厅有20位服务员，每天上班点名的时候，分成A、B两组，互相检查对方的仪容仪表：扣子扣好没有、裤子有没有褶皱等等，都是有标准的。不达标的要罚款，A组的罚款交给B组，B组的罚款交给A组，完全是服务员自己的事，不上交酒店。这样的话，服务员就不会对处罚有抱怨了。

达标——制定标准的最终目的

酒店制定标准也好，组织员工培训也好，对员工进行检查和处理也好，目的是什么？不是要惩罚员工，跟员工过不去，恰恰相反，是要督促和培养员工，使他们最终都能达到酒店的标准，从而提高酒店整体的服务水平。也就是说，制定标准的最终目的是为了达标。达标对于员工个人来说，是一个不断提高、不断成长的过程；对于酒店来说，则可以检验培训效果，检验团队的执行力。

做好培训，执行才能持续

培训行业流行两句话：第一，统一思想；第二，教会你怎么做。

什么叫统一思想？比如大家都知道执行落实很重要，没有落实，很多标准都是空谈。酒店老板自然也知道这个道理，但为什么就是执行不到位、落实不下去呢？因为大家骨子里不想去做，甚至连酒店老板自己也不想去做。培训首先要解决的就是"知道"和"去做"之间的矛盾，使两者在思想层面达到统一。思想不统一，教了也是白教，学了也是白学，因为不能转化成真正的执行力。这是培训的一个重要作用。相比之下，教员工怎么做就很简单了，可以布置一些辅助作业，通过辅助作业，酒店就知道员工学得怎么样了。

麦当劳、肯德基是国际知名的餐饮品牌，它们每年的培训预算占营业收入的3%～5%。也就是说，如果店面的年营业额是1亿元，那么培训费就有300多万元。一般的餐饮酒店企业，年营业额大多在5000万元上下，按这个比例算下来，培训费也应该有150多万元。我从事餐饮酒店行业培训多年，接触了很多相关企业，我发现这些企业对于培训是没有计划的，今天这节课好就去听一听，明天那节课不好就不听了，随机性比较大。还有的酒店，没有碰到自己认为满意的课程，就连续几年不进行培训。即使有培训预算的酒店，培训费所占营业额的比例也普遍偏低，一般在1%左右。这就是我国餐饮酒店行业的现状。

阻碍员工培训的因素

在现实的酒店培训活动中，会遇到很多阻碍因素。这些因素可以归结为三个方面。

阻碍因素一：员工的错误想法和观念

培训对于员工来说，本来是没有坏处的，但有的员工并不领情，他们不愿意参加培训，或是对培训抱有一种抵触心理。为什么会这样？通常都是因为一些不正确的想法和观念。有些员工认为，只有干得不好或出错的员工才需要培训，而自己干得很好，也没出现差错，因此不需要培训。有些员工思想上比较懒惰，不喜欢动脑筋，习惯于服从命令，他们认为自己是下属，领导怎么要求就怎么做，遇到问题向领导请示就行了，所以不需要学习，也不需要培训。还有些员工，有多年的工作经验，已经形成了自己的一套工作方法和工作习惯，而且认定只有这一套方法才是行之有效的，因此也认为不需要培训了。当然，除此之外，员工抵触培训还可能是出于推卸责任的心理：我不参加培训，出了问题就有借口了——不培训不知道怎么做，出问题是理所当然的，这不是我的责任；或者是抱着"当一天和尚撞一天钟"的想法，混一天算一天。

阻碍因素二：管理层的能力不够

假如基层经理的能力不够，指导不了员工，这也可能成为培训的阻碍因素。所以，对员工的培训和指导，特别是在职培训，要求基层经理必须具备3个条件：一是在工作方法和分析解决问题的能力上要高于员工；二是要具有丰富的知识和经验；三是要掌握一定的对员工进行培训与指导的技巧。这3个条件缺一不可，经理光有能力、知识和经验，但不会教，就变成了"茶壶里面煮饺子"；如果能力较差，不具备足够的知识和经验，也胜任不了培训指导工作。有的经理则认为培训费时，"还想着让员工加班呢，哪有时间让他们去参加培训？""我手头上的事太多，哪有精力去培训下属？"有这种想法的经理多数是事必躬亲的，因为酒店的很多工作，经理的熟悉程度以及掌握程度肯定比下属好很多，他们觉得教会下属去做还不如自己做得快，因此缺乏耐心指导，不放心把工作交给下属，也就只能事事亲力亲为了。长此以往，下属得不到培养，也缺乏参与感，更无法感受到酒店对其的信赖。这样下去势必形成一个恶性循环：下属愈是能力不足，经理愈是不敢授权，结果造成"经理更忙，下属更帮不上忙"的现象。当然，还有的经理抵触培训是出于私心。"教了徒弟，饿了师父""下属懂得多了，见得广了，自己的权威就没有了，甚至自己的饭碗也要给抢了"，这是很多经理的真实想法。

阻碍因素三：管理层的态度不正确

现在，很多酒店管理层都意识到了培训的重要性，但他们同时还存在一种担心，那就是为他人作嫁衣裳——员工参加培训之后，技能提高了，对工作的期望也高了，反而造成人才流失。要知道，员工培训是有成本的，酒店投入大笔培训费，员工却频繁跳槽，甚至跳到了竞争对手那里，这样酒店就得不偿失了。

这种结果对酒店来说，虽然确实是一种损失，但不能因此而停止培养人才。事实上，如果员工缺乏培训，低质量、低效率一样会使酒店花冤枉钱，而且往往花得更多，只不过不那么明显而已。从另一方面来说，不培训员工并不能阻碍员工跳槽。酒店如果对员工心存戒心，不舍得在人才培养上投资，结果只会导致员工离开得更快。

要使员工培训收到实效，酒店管理层首先要具备正确的培训观。第一，培训员工之前先教育自己。"己所不欲，勿施于人""自己有三桶水，才能倒出一桶水"。管理者自己不愿做的事情，如何要求员工去做？自己都不会做的事情，又怎能教给员工？第二，培训员工应该从基础开始，从基本的理念和行为规范开始，比如酒店的服务理念、成本意识、质量意识、"没有任何借口"的执行意识等。第三，利用一切可利用的机会培训员工。人们对于自己所不关心的事情，往往很容易忘记。因此，管理者应该利用一切可以利用的机会，向员工灌输先进的理念，帮助他们提高业务能力和技巧，随时检查员工日常工作中存在的问题，反复强调，加深印象，以巩固培训的效果。第四，培训要讲求实效。培训员工要针对实际技能做现场指导，手把手地教会他们具体的操作技能，并不断地指出其错误之处。培训的关键在于实战性，针对实际操作中出现的问题提出意见，会使员工进步得更快。第五，培训要循序渐进。

对员工进行培训是一项长期的工作，不要期望员工一下子就能取得多大的进步。要持续地培养出新的好习惯，以取代旧的坏习惯。所以，培训应该根据员工的能力、经验与态度，一步一步地往前推进，步步为营。要记住，今天的培训只是播下种子，开花结果可能是明天的事情。

员工培训的基本目的和主要内容

基本目的

具体来说，员工培训的基本目的有三个：

（1）带来崭新的观念，树立正确的向导

酒店的经营管理往往都会带有老板性格的烙印，形成固定的模式。并不是说这些东西都不好，也可能恰恰相反，它们在酒店建立和发展之初发挥了很大的作用，但是市场是变化的，老板的性格不容易改变，酒店的经营模式也不容易改变，一旦既定模式不能适应新的市场环境了，就会使酒店走很多弯路，甚至与发展目标背道而驰、南辕北辙。而培训的首要目的，就是更新观念。

（2）提高酒店管理水平

在业务技能的提高方面，经验和教训都是最珍贵的财富。一次成功的培训，就是把推销、策划、管理过程中的经验和教训拿来分享、扬长避短、趋利避害，从而使酒店的整体管理水平得到实质性的提升。

（3）增强团队凝聚力

这一点对新团队和刚进入酒店的员工特别重要。我们知道，现在的社会已经不是个人英雄主义的时代了，而是团队协调作战的时代。通过培训，可以消除新员工的陌生感，使酒店团队成员之间互相了解、理解和信任，彼此心灵相通。从这个意义上来讲，培训具有十分积极的意义。

主要内容

通过培训，员工的观念、行为能够更好地满足酒店工作的需要，新员工可以马上投入工作，老员工可以提高自己的知识和技能，高效率地完成酒店的目标。

(1) 新员工培训

新员工进入酒店，对一切都是陌生的，只有对其进行正确的引导，才能使员工迅速适应环境，产生安全感，迅速进入工作状态。

> 在微软公司，员工入职后要接受为期一个月的封闭式培训，目的是把背景、经历各不相同的新员工转化为真正的职业微软人。
>
> 培训的内容十分细致，比如仅仅关于如何接电话，就有一套手册。微软的技术支持人员拿起电话，第一句话肯定是："你好，微软公司！"有一次，微软全球技术中心举行庆祝会，员工们集中住宿在一家宾馆。深夜，由于某项活动日程临时变动，前台服务员只得打电话到房间，一个一个地通知。第二天，这位服务员对别人说："你知道吗？我给145个房间打电话，起码有50个电话接起来的第一句话是'你好，微软公司'。"即使是深夜里迷迷糊糊地接起电话，第一句话依然是"你好，微软公司"，这件事情虽小，但微软风格可见一斑。

新员工的培训包括基础教育和到职训练两方面内容。

基础教育包括工作基本态度、基本要求、基本团队精神和基本礼仪礼貌四点。基本态度主要是指新员工要了解酒店的经营理念、方针，并加以执行；为了实现目标，必须努力扮演好自己的角色及履行自己的职责；要能与人融洽相处。基本要求是指新员工在接到上级的指示之后，要"答、记、唱、问"（应答、记录、复述、反问）；越是不好的消息，越要早报告；严守时间观念或工作期限；能够快速反应，做好准确的联络。基本团队精神是指新员工要充分了解自己所属部门所担负的职责，以及全部业务流程；自己的事情自己完成，尽量不麻烦他人，因此必须不断地充实自己；了解工作伙伴的职责所在，尽力给予配合。基本礼仪礼貌是指新员工要经常使用招呼语；随时保持衣着整洁；对任何人都要有礼在先，切忌对人粗暴、苛刻。

新员工刚到工作岗位，由于不太清楚酒店的组织功能、自己的职务内容及运作方法，加上与老员工之间不熟悉，与老员工之间的配合也需要有一个过程才能默契，因此很难立即发挥很高的生产效率。新员工的到职训练，就是希望通过必要的训练，使新员工到岗后能清楚地知道自己应该做什么，别人在做什么，自己在整体工作中扮演一种什么角色，自己的贡献是什么，如果工作上需要配合，应找哪个部门、找谁。这样，新员工才能尽快地进入良好的工作状态。

到职训练的内容主要包括：新员工拟担任工作的具体任务、职责和权限；与其他同事的工作关系；有关的规定、流程、礼仪和要求；有关保守公司机密的注意事项；有关生产的安全责任制度；有关岗位技巧与技能等。训练时，可以让新员工在现场进行演练与试做，并予以纠正。只有将理论与实践结合起来，训练才能更加完整。

（2）在职员工培训

在职员工是酒店的老员工，他们对酒店环境已经熟悉和适应，有了一定的工作经验，但是也需要进一步培训，以提高自己的职业技能，提高生产效率。当然，对在职员工的培训是应该与新员工培训有所不同的。在职员工培训主要集中在以下几个方面：第一，强化工作意愿，包括建立宏伟的愿景，消除下属的依赖心及自卑感，养成思考的习惯等。第二，提升工作能力，包括提高适应能力，发现并发扬优点，改进缺点，主动学习新的工作技巧，加强时间管理，改进工作方法等。第三，增进合作精神，包括尊重部属，改善人际关系，建立相互之间的信任，促进知识与信息的共享等。第四，增加工作知识，包括专业知识、安全知识、六常管理知识等。

用良好的培训留住员工

餐饮酒店行业的培训，目的是为了提高员工的职业技能，员工的技能提高了，就能在工作中实践应用，提高酒店的服务水平，为酒店带来更大的收益。但是在现实当中，酒店可能花了大成本和大力气，培养出了人才，但却留不住人才。

有一家酒店的厨师长，进酒店之初的薪资只有4500元，几个月之后就涨到了5000元、6000元。这位厨师长在酒店工作了4年，年薪达到16万元，但是还不满足，偶尔会跟领导提出自己要出去创业的念头。

人的欲望和诉求是无止境的。比如酒店经理举着话筒，在全体员工面前分享他的管理经验，酒店的其他员工看到了，也会希望有一天自己可以站在同样的位置上发言。人们所追求的东西，不仅仅是金钱物质，还有精神层面的。因此，酒店老板在面对这样的员工时，该如何管控他的需求？在面对酒店全体员工时，该如何把大家的价值观提升到同一个层面？有些酒店团队现在看起来非常好，但是五年以后呢？随着员工的原始资本积累增加，就像案例中的厨师长，当他的资本积累到一定程度时，就会想要离开酒店，单独创业，这与酒店培训员工的初衷是相矛盾的。

因此，酒店培训该怎么做、怎么投入，是一个值得深思的问题。如果一家酒店没有良好的培训机制，只是把员工当成赚钱的生产资料，那么它的员工就会缺乏成长，酒店的效率也会受到影响。这样的酒店即使给出的工资较高，也很难留住人才，因为人才不会只看重眼前的一点小利益，他们通常更看中个人职业的发展，看重未来成长的大利益。

不过话说回来，如果酒店为员工提供了有益的培训，是理应收到回报的，只不过收到回报的方式需要权衡。想要降低培训风险，获得培训回报，酒店可以从以下两方面入手。

第一，完善酒店的培训制度。在培训前，酒店可以要求员工签署培训协议，规定在接受某类培训之后，员工在酒店服务的最短年限。如果员工要提前离职，则需赔偿酒店相应的培训损失。有了这样强制性质的制度，员工就有了职业道德的约束。这样一来，酒店为员工培训所投入的成本就不会白费，员工的职业技能提高之后，也能为酒店带来更多的收益。

第二，将员工的职业规划与酒店的发展捆绑在一起。要想使员工在酒店安心工作，除了制定合理的薪酬制度和良好的培训制度之外，酒店还应该注意培训的内容，必须是贴近酒店业务的，使员工接受培训后能切实提高职业技能，体现自己的价值。同时，酒店要帮助员工规划其在酒店的发展路径，让员工可以清晰地看到晋升的通道；向员工展示酒店发展的美好前景，使其清楚自己可以从酒店的发展壮大之中获益。对于一些关键岗位，可以实行轮岗制，既能降低员工的职业倦怠，同时也能让员工在新岗位上感受到自己的不足。

总之，酒店一方面要不断规范制度，以硬性的制度来约束员工的行为；另一方面，要为员工提供良好的工作环境，提供互相尊重、锐意进取的酒店文化，提供公正的成长机会、明晰的职业发展路径等等，以此来培养和留住人才。

5

让员工养成良好的执行习惯

任何酒店标准的执行,都要靠员工。员工执行是否到位,关键在于执行习惯的养成,这就需要对他们进行批评教育。在"教育"前面的两个字是"批评",意思就是教育必须要有批评,没有批评就没有教育。

小时候在家吃饭时,碗里还有几粒米饭我就不吃了。如果爸妈在场,会怎么做?他们一定会狠狠地批评教育我:不能浪费粮食,饭必须吃到一粒不剩!所以,我慢慢就养成了习惯:只要是自己盛的饭,一定要吃到一粒不剩为止。

批评教育员工时,应注意三个要点:
(1)工作现场即时批评。
(2)批评负责人。
(3)批评与表扬相结合。

如果员工将杯子放错了地方,酒店经理要马上把放错杯子的员工和领班一起叫过来,并当着犯错员工的面,将领班狠狠批评一顿。

这样做肯定能收到好的效果,因为它遵循了三条原则:

第四章 执行——落地才能见实效

第一,在现场;第二,马上批评;第三,批评负责人。

另一种方法是,假如整个团队有10个人,一位员工犯错,所有人都要受到处罚,这样,犯错员工的日子肯定不好过,以后也就没有人敢再犯错了。当然,批评时要注意与表扬相结合。最好是先表扬再批评,再表扬再批评,最后以表扬结束。

案例

把5只猴子关在一个笼子里,笼子上头有一串香蕉。实验人员装了一个自动装置,一旦探测到有猴子摘香蕉,装置马上就会向笼子里喷水,使所有的猴子都浑身湿淋淋的。

刚开始,有只猴子想去摘香蕉,结果当然是每只猴子都被淋湿了。之后,又有几只猴子做了尝试,发现莫不如此。于是,猴子们达成了共识:不要去摘香蕉,以免大家都被淋湿。

后来,实验人员把其中一只猴子放出笼子,换进去猴子A。猴子A一看到香蕉,马上想要去摘,结果被其他猴子狠揍了一顿,因为其他猴子都不想受连累而被淋湿,所以都去制止它摘香蕉。猴子A尝试了几次,几次都被打得满头包,也没有摘到香蕉。当然,这5只猴子都没有被淋湿。

之后,实验人员再放出一只猴子,换进去猴子B。猴子B看到香蕉,也是迫不及待要去摘。于是,一如刚才所发生的情形,其他猴子狠揍了猴子B一顿。特别是猴子A,揍得特别用力(这就叫"老兵欺负新兵",或是"多年的媳妇熬成婆")。猴子B试了几次,总是被打得很惨,也只好作罢。

慢慢地，实验人员把原来关在笼子里的5只猴子挨个儿都换掉了，但新进笼的猴子都不敢去动香蕉了。这些猴子也不知道为什么，只知道去动香蕉就会被别的猴子打。

点评

猴子是这样，人其实也是一样的。所以，如果要将六常法养成习惯，就应让员工了解不按六常法规定做时，或者做得不好时，也会像实验中的猴子一样"被淋湿"（批评），或是"被狠揍"（重罚）。

❻ 绩效考核是最有效的执行工具

绩效考核是人力资源管理的重要工具，可以将员工全部纳入管理之中，成为管理者了解酒店经营情况、团队运转情况的重要途径。客观、公正地考核员工绩效，是部门奖金、薪资调整，员工岗位调整，优秀员工评选，员工每月奖金、年终奖调整，培养骨干等的重要依据。

那么，什么叫绩效考核呢？绩效考核说得简单一点，就是先写下你所定的标准，做你所写的，检查你所做的，更正你做错的，落地结果出来，有奖有罚。这是一种最有效的执行工具。这里所说的

"你所定的标准",也就是既定标准。比如对酒店管理层的绩效考核,有哪些既定标准呢?通常有四大标准:第一,顾客满意度标准;第二,员工满意度标准;第三,老板满意度标准;第四,管理系统标准。前三条标准我们在第三章第八节中已经讲过,现在说说管理系统标准。比如员工的仪表仪容要如何?怎么化妆、怎么站、怎么坐?手怎样放、脚怎样放?穿什么袜子、穿什么鞋子?女服务员穿裙子的时候,正面怎么坐、侧面怎么坐……都有标准。另外,管理系统标准做到什么程度奖多少钱,做不到什么程度扣多少钱,这些也都是事先规定好的。

从酒店老板的角度来说,绩效考核就是酒店老板舍得根据结果和团队分名、分钱、分利。这里的结果,指的是酒店经营管理的成果,也是分名、分钱、分利的前提。假如没有成果,还有什么可分的呢?成果大,大家就分得多;成果小,大家就分得少。我建议酒店老板要把心胸放开阔些,如果舍不得分享,就用不着学习酒店管理系统了,因为这个系统设计肯定会让你分享。这里说的"分钱",不是说把酒店营业收入都拿出来分,而是指分那部分超出的钱,即通过酒店团队共同努力,从市场赚来的额外的钱,以及从内部节能降耗额外省出来的钱。

第五章

绩效考核——酒店、员工双受益

1. 绩效考核不用太复杂
2. 既解放老板，又激励员工
3. 酒店最容易犯的考核错误
4. 如何把老板想要的变成员工想要的
5. 员工满意度是考核的基础
6. 实行绩效考核工资
7. 绩效考核也要落地

1

绩效考核不用太复杂

在第一章我们已经说过,经营和管理是两回事。酒店中不同级别的管理人员,其工作重点是不同的。比如老板、总经理这一级,80%的工作是经营,20%的工作是管理;到了经理、厨师长这一级,50%的工作是经营,另外50%是管理;而基层的酒店领班,80%的工作是管理,只有20%左右的工作是经营。所以,不同级别的管理人员,工作重心不同,绩效考核的重点也不同。

很多酒店都有自己的绩效考核标准和方法,有的酒店在这方面做得好些,有的做得比较差。绩效考核做得好的酒店,大多能从员工的利益出发,制定一些奖励和惩罚的标准,或者把员工的业绩跟利益挂钩,激发员工的积极性。

所谓"绩效考核",就是拿出既定的标准,来对比衡量实际的状况和结果,并用检查表格的形式作出评价,然后根据评价,按照事先约定好的方式进行奖罚。一言以蔽之,绩效考核就是事先约定好标准,既包括工作的标准,又包括奖罚的标准,然后由专人按照标准进行检查。既定的标准要先写下来,把书面化的内容口语化,使其通俗易懂。

比如拿厨房的既定标准来举例,这些标准是酒店和所有厨房员工一起制定的,案板该怎么放,地面卫生怎么做,双方都表示同意了,就可以定为标准。然后再拟定奖罚的标准,这个标准应该是所有厨房员工都能够达到的,比如共有10条,员工都达到了,就奖励50元;达到三分之二,就奖励30元;只达到三分之一的标准,就完全不奖励。标准制定好了,还要有专门的人负责检查,检查时要以标准为基础、采用表格的形式,严格执行奖罚。

其实,酒店的绩效考核不用做得特别复杂。等酒店根据实际情况制定出标准之后,只要看员工做的跟标准要求的有什么差距,对达到标准的员工给予相应奖励,达不到标准的给予相应惩罚,最终保证所有员工都能达到酒店制定的标准,这就是绩效考核,用不着太复杂,否则无法执行落地。

既解放老板,又激励员工

众所周知,现在的餐饮酒店行业,人员流动性非常大,很多酒店老板都为找不到合适的员工而发愁。招人重要还是留人重要？我认为留人更重要。假如酒店能把现有的员工都留住，也就意味着能吸引更多的人，因为员工做得开心了，酒店自然就会有吸引力，而如果连现有的员工都留不住，再招来多少人也没有用。

如果酒店老板觉得给员工的工资很高，却仍然招不到合适的人，那就可能是酒店的绩效考核出了问题。假如酒店的绩效考核是"多做、少做一个样；做得好、做得差一个样"，那么员工之间比的就不是谁做得更好，而是谁更会偷懒而不被发现。

老板：从"拉车"到"坐车"

永安鱼庄的老板开了4家店，以前他的手机总是响个不停，自从实行了绩效考核，才一年时间，电话就少了不少。这位老板说："以前是我一个人拉马车，车上坐着全体员工和顾客，我拉得很累。做了绩效考核之后，是全体员工、管理层一起拉马车，有时候甚至连顾客也帮着拉马车。通过顾客的口碑传播，其他顾客也被吸引来了，他们这是在帮酒店做销售呢！现在我坐在马车上，轻松了不少，想钓鱼就钓鱼。"

以前是老板一个人拉马车，因为车是老板的，而员工和顾客都是坐车的，这样造成的结果通常是老板被累死。绩效考核的目的是什么？就是让全体员工和酒店管理层去拉车，而老板坐到车上来。如果真的能实现这一点，对于酒店老板来说，三家店就可以做出四家店的利润，而且还不需要亲力亲为。就像例子中永安鱼庄的老板，这位老板一个月去酒店检查一次。到了店里，厨师长和店长说："你怎么又来了？你回去钓鱼就好了。"就这样，他总是被客气地"赶走"。绩效考核做好了，管理层把该做的事情都做了，这个时候老板如果再插手酒店的具体管理工作，就会惹员工讨厌了，因为他们已经不需要老板的参与就能做得很好了，老板只要把握好大方向就行了。

员工：从"为老板做"到"为自己做"

90%的老板认为员工是在给酒店打工，但实际上对于酒店来说，只有当每个员工都在为自身的发展而努力工作时，酒店才能获得大发展。让员工为酒店做和让员工为自己做，这两种情况显然是大不一样的。

某酒店实行绩效考核的提成制度：①当酒店月营业额不到75万元时，服务员提取自己营业额的1%绩效；②当酒店月营业额超过75万元时，服务员提取自己营业额的2%绩效；③酒店领班提取的绩效为服务员平均工资的2倍，经理为3倍，总监为4倍，总经理为5倍。

酒店实行绩效考核之后，在正常情况下，最低增长25%的营业额。如果酒店月营业额不到75万元，服务员提取自己营业额的1%

来作为奖励,这个奖励就是绩效;酒店月营业额超过75万元,服务员的绩效奖励也提高到自己营业额的2%。由此可见,"酒店月营业额75万元"是个标准,低于这个标准,比如只做到了5万元,服务员就只能提取1%的绩效;高于这个标准,即酒店月营业额超过75万元,服务员可提取的绩效比例也大了。也就是说,酒店的营业额高低就跟服务员的切身利益有了关系,要不然的话,酒店生意越好,服务员反而越不开心,因为他们的工作量增加了,但工资却不变,不能从增加的营业额中分得利益。实行绩效考核的好处就在这里:酒店营业额越高,员工的提成也越多,他们就会更用心地工作。

酒店老板或许还会发现,在实行绩效考核之前,有很多员工都是"马屁精",之后这样的员工会越来越少,因为大家都开始实打实地干活,多劳多得,根本不需要拍马屁。

酒店最容易犯的考核错误

酒店老板不要指望用绩效考核来解决所有问题,对待问题正确的态度应该是:积极预防,但如果还有问题,则要从容应对,主动想办法解决。绩效考核不能"包治百病",不仅如此,还有一定的风险性。

导致员工干活不要命

这是实行绩效考核后常常会出现的一种情况。比如按照正常的营业时间，酒店晚上9点钟就打烊了，但厨师长或经理为了争取绩效，可能会延长工作时间，从而造成员工体能的过度消耗。

以某酒店为例，现有的绩效考核规定下午两点半下班，但员工们经常拼命干到很晚。表面上看，营业额是增加了，但同时材料的消耗也增加了，所以实际上只是员工的个人收入增加了而已，酒店的利润不一定增加。试想一下，本来酒店下午两点半下班，厨房就可以关闭，各种设备就可以得到休息保养，而延长关门时间后，设备长时间地工作，其使用寿命会大大缩短。

无论对设备还是对人来说，简单地延长工作时间都是弊大于利的。设备的消耗是有极限的，人的体能也有极限。长此以往，员工渐渐会吃不消，越来越多的员工开始流失，各种各样的弊端也就出现了。所以，导致员工干活不要命的绩效考核，对员工来说暂时划算，但对酒店长远发展而言却是不划算的。

遇到这种问题怎么办？制定标准，明确规定营业时间，要求员工下午两点半下班，他们就必须遵守。毛利也不能越高越好，规定厨房做多少，超过了是要惩罚的。不能让员工太过劳累，健康永远是第一位的，这样问题就解决了。当然，酒店在做绩效考核的时候，还要考虑这样的问题：当只有两位员工时，既定的工作量让他们都觉得非常累，是应该给他们涨工资呢，还是再增加一个人？如果再增加一个人，这两位员工肯定会轻松不少，但是三个人加起来的工作效率不一定能比两个人高。

员工为了个人收入拼命工作，对于这种要钱不要命的现象还得一分为二地考虑。要钱还是要命，这是员工的选择。不同年龄段的员工选择的侧重点是不一样的，很多人40岁以前看重的是钱，用命去赚钱，40岁以后就不会这样了，还有些人看重的是发展平台，等等。做得好的绩效考核通常都会兼顾不同年龄段员工的需求。

员工要钱不要命，也从侧面反映出酒店老板的心态问题。说到底，还是"老板到底想要什么"的问题。每家酒店在不同时期、不同发展阶段，其需求也不一样。如果酒店现阶段只以赚钱为目标，那么酒店的员工也就容易以赚钱为个人价值导向。员工已经疯狂到这种地步，老板完全可以增加人手，不至于让员工劳累过度。假如员工都撑不住了，何谈绩效？更用不着考核了。做绩效考核，第一件事情就是制定标准，标准定下来，再去做其他的事情。既然酒店生意这么好，顾客满意度也已经达标，员工还这么要钱不要命地干活，问题很可能就在酒店老板的身上。总之，酒店老板需要记住，所有的绩效考核都有一定的风险性，关键取决于酒店在什么时候需要什么。

注重营业额考核，牺牲服务水准

绩效考核是把双刃剑，既能促进营业额的增长，也能导致营业额的下降。因为一旦服务员的利益与营业额完全挂钩，那么他为了自己的利益，肯定会想方设法地诱导顾客尽可能多地消费，原本顾客打算花1000元，服务员可能让其花了2000元。比如在餐饮酒店行业，原来有"开瓶费"一说，有的酒店把开瓶费变成了直接提成，允许服务员根据酒店营业额按比例提成。这种做法会带来一些弊端，长远来说不利于酒店的发展。

杭州有家酒店，是我十年前的顾问单位。当时我非常用心，希望把这家酒店辅导成中国餐饮酒店行业的第一品牌。酒店老板后来新开了一家豆捞店，生意也很好。遗憾的是，他赚了钱之后就转行做房地产了，结果赔了很多，只好又回来做餐饮酒店。于是，他又开了一家豆捞店，但生意不好，前六个月一直在亏损。

为了帮他找到原因，我带着太太和儿子前去暗访。来到豆捞店，整个大厅空荡荡的，只有两桌顾客，服务员很多，态度很好。我一看菜单，鱼只有5种，最便宜的珍珠斑是65元一斤。我问服务员有没有这种鱼，服务员说没有。我又问125元一斤的黄金斑有没有，服务员说黄金斑的味道不好。我问哪种鱼的味道好，服务员说东星斑，195元一斤的。我心里很不高兴，虽然这顿饭是免费的。

结账的时候，我问服务员为什么宰客宰得这么狠，是不是顾客点的菜越贵，服务员的提成就越多。她反问我："你怎么知道？"这还需要想吗？如果不是这样的话，服务员就不会宰客了，就是因为服务员宰客，所以豆捞店的生意才会这么差。后来据我了解,这家店只有在搞团购半价的时候,顾客才会增多。当然,除此之外还与酒店的选址有关,本身就不处于高端场所,来这里的全是家庭消费的顾客,而配的全是商务宴请的菜肴。失败的选址再加上这种绩效考核方式,怎么会有生意呢?

销售型公司可以根据营业额进行绩效考核,可是餐饮酒店属于服务型行业,单纯追求利润就会影响顾客的满意度。这就好比医院,医生开的药可以拿15%的提成,所以病人哪怕只是感冒,药费也要五六百元。所以很多人有点小病都不愿意上医院,自己去药店买点药就行了。对于酒店来说,如果一天到晚只考核营业额有多少,就会像医生卖药一样。这种考核方式给酒店带来的问题主要表现在以下两个方面。

第一个方面,容易造成服务员强行推销。这不是品德问题,而是机制问题。当顾客点低价位的东西时,服务员或者谎称没有,或者强行推销高价位的东西。如果顾客不肯多花钱,服务员就一脸的不高兴。比如在有些酒店,顾客本来只想点一两百元的酒水,服务员却说只有500元的。顾客花得越多,他们的提成就越多。可是对于顾客来说,谁还会想再来这种哄骗自己多花钱的酒店呢?采用这种绩效考核方式,酒店也好,服务员也好,短期内或许能多赚钱,但是时间一长,顾客就会大量流失了,因为他们都转而去光顾其他更注重长远发展的酒店了。

第二个方面，服务员不是推销员，推销菜只是其工作的一小部分而已，他最重要的工作还是做好服务。如果单纯以营业额来考核服务员的绩效，那么服务周到的服务员反而可能收入比较低，或者没有收入，这样他们就不干了。酒店流失了好的服务员，生意自然会慢慢萧条。

有些人可能会说，有些城市的有些酒店，采取的就是这种以营业额为标准的绩效考核方式，不也没问题吗？生意不也不错吗？这些酒店之所以生意还不错，就像前面所说的，是因为当地的餐饮酒店业不发达，顾客没有其他的选择。

在江浙等餐饮酒店业发达的地区，假如哪一家酒店不考核营业额，而以服务水准作为考核标准，那么所有顾客最后肯定都会选择到这家酒店来。这也就是说，越是餐饮酒店业发达的地区，越不推荐以营业额为标准的绩效考核方式。

实际上，据我所知，有相当一部分酒店都已经不考核营业额了，转而考核服务水准。这是餐饮酒店业进步的表现。光考核营业额是一件非常可怕的事情，但是这并不意味着完全不能考核营业额。

考核重点与本职工作不符

做好绩效考核，听起来是一件非常简单的事情，但做起来就会发现里面的学问很大，一不小心就会适得其反。

下面是某酒店针对保安部主管制定的绩效考核表，让我们来分析一下有什么问题。

表 5-1 某酒店保安部主管绩效考核表（部分）

考核项目	权重	考核依据	考核细则
经营项目	45%	月度指标 财务报表	·完成计划指标，得 45 分 ·低于计划指标 2%，得 35 分 ·低于计划指标 4%，得 25 分 ·低于计划指标 6%，得 15 分 ·低于计划指标 8%，得 5 分 ·低于计划指标 10%，得 0 分
		月度财务报表	
管理	安全管理 20%	无安全事故	·月度无事故，得 20 分 ·月度发生安全事故 1 起，得 15 分 ·月度发生安全事故 2 起，得 10 分 ·月度发生安全事故 3 起，得 5 分 ·月度发生安全事故 4 起，得 0 分
		质检部统计 （注：每次事故 500 元赔偿以上为考核标准，直接经济赔偿则按事故赔偿条例执行）	
	团队管理 5%	员工流失 1 人	·部门员工流失 1 人，得 5 分 ·部门员工流失 2 人，得 3 分

在这个考核方案中，经营项目所占的比例太大，这个是很有问题的。我们知道，保安部的工作跟酒店营业额的关系并不大，保安不应该对酒店的营业额负责，所以经营项目不应该成为他们的考核重点。保安部主管的主要工作在于安全管理，而在这个方案中，与之关系最密切的"安全管理"这一项却只占到 20%。换句话说，在对保安部主管的考核中，80% 是与他的本职工作不相关的内容。所

以,这种考核本身的重点就不对,被考核者即使达标,也不一定就能胜任本职工作。采取这种方式考核的酒店,完全是照搬销售公司的业绩考核方案,这是很可怕的。

如何把老板想要的变成员工想要的

那么,该如何做好绩效考核呢?核心秘密是目标转换。所谓"目标转换",就是把老板想要的变成员工想要的。

有的酒店老板可能有这样的体会:开了一二十年的酒店,手下有三五百位员工,但是闭着眼睛静下心来想的时候,却发现没有一个人是跟自己贴心的。老板或许有很多心事,却没法跟经理谈、跟员工谈,因为感觉跟他们不是一伙的。"一伙""同伙",听起来是贬义词,让人想到一群人在一起干坏事,比如"一伙强盗",但即使是强盗,也需要同伙的协助,而酒店老板和员工之间的关系疏离,甚至连强盗同伙都比不上。强盗同伙至少有共同的目标——抢钱、分钱,而酒店老板和员工之间呢?赚钱不是他们的共同目标。在员工看来,自己多做、少做一个样,老板多赚了,那是老板的,自己分享不到什么好处;当然,老板做生意亏本了,自己的工资还是要一分不少地照发。不是一伙人,酒店内部就没有前进发展的动力,大家就不能心往一处想、劲往一处使。这个问题怎么解决?实行绩效考核。通过绩效考核这种重要的方法，可以把酒店的高管变成一伙，把酒店的员工变成一伙。

安徽某连锁酒店有一个分店，2013年5月份的营业额是130万元，在实行绩效考核之后，月营业额达到了185万元。与此同时还有一个情况，那就是酒店的员工也从之前的94人减少到现在的90人。

通过目标转换，把老板赚钱的目标转换成员工提高收入的目标，这样一来，员工的积极性大大提高，一定会主动地努力工作。所以对于酒店来说，实行绩效考核还能起到"裁员增效"的作用。比如原来需要10个人干活，每个人的工资是2000元，现在只需要6个人，减少了4个人，也就省下了8000元的工资。这8000元可以拿出来分给现在的6个人，他们的收入提高了，干活自然更有动力。酒店老板不能把省下来的钱都装进自己的口袋，心胸一定要大。

提成是绩效考核的一个重要方面。酒店赢利，全体员工提成，这本来是一件高兴的事情，但是提成不能乱提，一定要有标准，不然的话，凭什么你提一千，我提五百？只有有了公开的标准，而且这个标准是事先经过全体员工都同意的，大家才会心服口服。

现在很多餐饮酒店企业，最大的毛病就是提成无原则，什么事都由老板拍脑袋决定。比如有人被老板提拔为店长，其他员工会怎么说？大部分员工都不会说新店长有能力，而只会在背后嘀咕他与老板"有关系"。试想一下,如果老板事先把晋升标准贴在墙上,公之于众,谁达到了就提拔谁,这样大家也就没有什么可埋怨的了。那么,再说晋升标准具体应该如何定呢?可以按照客流量来定。比如,谁有本事使酒店的客流量增长30%,就晋升谁为店长。或者按照裁员增效的效果来定,比如使员工人数减少到多少、使成本费用下降到多少、使酒店利润增长到多少等等。晋升标准像这样一清二楚,有本事的人达到了标准,获得晋升;没有晋升的人只能怪自己没本事,也不好再说闲话了。再想想,以前没有标准,或者标准不明确的时候,即使有人是凭自己的本事得到提拔的,照样会惹别人闲话。这样一来,被提拔的人也难受,得不到大家的认可,他很难开展工作,如果一直这样下去,工作得不顺利、不开心,最后也只好另谋高就了。

需要指出的是,直接的目标转换也可能产生负面影响,比如员工为了多赚钱而强行推销,降低了服务质量,不利于酒店的长远发展。除非酒店在某方面具有独一无二的特性,顾客没有其他的选择,否则不推荐这种直接的目标转换方法。

员工满意度是考核的基础

哈佛商业周刊的一项权威调查显示:员工满意度每提高3%,

顾客满意度就会提高5%；而顾客满意度达到80%的公司，其平均利润率要高于同行业其他公司20%。现代酒店管理中的"服务利润链"也表明：酒店的价值大小，最终要靠对酒店忠诚、有效率的员工来创造。而员工对酒店的忠诚和工作的高效率来自哪儿？来自于员工的满意度。所以，提高员工满意度，是现代酒店管理的重要课题，也是绩效考核的基础。

所谓"员工满意度"，也就是员工个体对所从事的工作、工作环境、薪酬等的认知和评价，是员工实际所得与期望所得之间的比较在情绪和态度上的反映。员工满意度受到工作性质、企业发展状况和前景、员工个人等因素的影响，与员工的敬业度呈正相关，它体现的是员工对企业的归属感、忠诚度。

通过科学调查，酒店可以了解员工满意度，并以此为依据，诊断管理中的各种问题，比如调整经营方法、降低员工流失率、提高绩效等等。通过员工满意度调查，进而改进管理，是一种很好的激励员工的方法，可以提高员工的忠诚度。

简单地说，酒店如何对待员工，员工就会如何对待酒店。影响员工满意度的关键因素主要有薪酬、绩效和职业发展这三个方面。由于提高员工满意度是一个系统工程，所以酒店应该从这三个方面同时入手。

第一，制定公正的薪酬体系。薪酬一般包括工资、奖金、福利等，是员工生活的保证，也是员工工作价值的体现。员工都会注重自己的工作是否得到了公正的评价，并给予了公正的待遇，所以酒店要制定和落实公正的薪酬制度以及绩效评估办法。在单纯的工资之外，还可以考虑商业保险、期权等福利待遇。酒店要想降低员工的流失率，完善的福利制度是不可缺少的。酒店只有保证把员工的利益和福利最大化，才能使员工少为生活中的事情分心，工作时也就更能集中精力。

第二，改善员工的工作氛围。按照马斯洛的"需求层次"理论，员工有被尊重的需求。酒店的员工需要得到同等的尊重，让员工感受到自己是酒店的一员，认识到自己所从事的工作是不可缺少的，提高员工对酒店的认同感，可以增强酒店团队的向心力。

第三，保持内部沟通顺畅。管理层应该创造良好的沟通氛围，注意倾听员工的意见，使员工有沟通的愿望。管理层可以从沟通中了解员工的工作状态。

第四，对员工进行培训。培训可以使员工更加清楚自己的工作职责，熟练岗位技能，从而迅速成长为所在岗位的专家。这样，酒店也能随着员工一起发展。比如杭州外婆家酒店，就有一套完善的员工培训机制。在外婆家，员工可以获得广阔的职业发展空间，因为酒店的晋升通道十分明确：见习干部→领班／主管→助理→营业副经理／经理→区域经理→公司股东。

实行绩效考核工资

酒店要找到适合自身的绩效考核方式，不同的酒店规模、不同的定位、不同的经营范围和经营时间、不同的绩效考核环境，所适合的绩效考核方式都是不同的。按照我的经验，采用一种绩效考核方式不能超过两年，最好是一年一调整，因为员工干满一年之后往往就会有涨工资的想法了。

员工的工资一般分为两部分：比较固定的岗位级别工资和按照工作成效所发的绩效考核工资。员工岗位工资标准由岗位工资基数、个人岗位系数和附加系数共同确定，金额相对固定。岗位工资基数取决于当年度酒店可支付的工资总量和所有岗位人员的岗位系数及附加系数的总和。为了保持岗位内在要求的动态适应性，酒店会定期对岗位等级进行岗位价值再测评、再排序，并根据经济效益情况设定岗位级别薪酬基数。一个原来级别低的员工如果表现良好，工资照样可以一级一级地向上升。

而绩效考核工资则为员工提供了一个无须沿着传统的岗位等级走"单线"的机会，只要工作能力、工作绩效有提升，就能够获得更高的薪酬激励。所以，酒店应该在岗位级别工资的基础上，根据员工个人绩效予以调整。也就是说，根据酒店的预期利润，按照员工完成的绩效来提成，绩效高，所得的绩效工资也高。把员工的工资和绩效挂钩，就能提高员工的工作积极性。

计件制工资

员工的岗位级别工资是固定的，绩效工资则要根据不同情况有所变动。也就是说，服务员来上班，就得到了岗位级别工资。即使酒店一天都没有客人，岗位级别工资也照常发，只是不发绩效工资。

根据所服务的外部客户的数量和质量

根据所服务的外部客户的数量和质量计件，这是绩效工资发放的一个依据。服务员为多少桌客人服务、铺了多少次台，都记录下来，到月底乘以系数，就是绩效工资的数目。如果在服务中得到客人特殊的表扬，将会有加分，客人点名服务则会加分更多，到月底折算出来的绩效工资就高。

我曾为嘉兴某酒店做顾问，当时酒店的人员分配情况是这样的：有6位专职迎宾员、8位专职点菜员和1位必不可少的专职电脑收单员。酒店从下午5点钟开始上客，这个时候，迎宾员和点菜员最忙。整个酒店有88个包间，加上卡座，总共100多桌，有时候三四十桌的顾客同时光顾，6位迎宾员根本忙不过来。点菜区也是乱哄哄的，只有8位点菜员，无暇应付，导致有的顾客等得不耐烦，直接转身走人了。酒店人手不足，只好把所有的管理人员也调过来用，还是不够，而且这么一来，场面就更糟糕了，因为原本是点菜员负责点菜的，而现在其他的管理人员也掺和进来，手忙脚乱的，服务质量就更差了。而从下午6点以后，最忙的变成了服务员，迎宾员和点菜员的工作量小多了，他们没事干了，就只能在一旁闲逛、闲聊，有时候甚至因为一言不合，彼此起争执。

手机扫描二维码后，输入"GYSD09"，您将看到邵德春老师制作的"首届酒店绩效考核模式参观纪行"，聆听更多同行的绩效考核经验分享。

在发现酒店的这些问题之后，我的建议是减少专职迎宾员和点菜员，实行计件绩效考核方式。原来的6位专职迎宾员，可以减少5位；原来的8位专职点菜员，可以都减掉。这样一共就减掉了13人。这13人并不是被辞退，而是在做好各自之前的本职工作之后，还可以兼做服务员。至于计件绩效，说简单点就是服务一位顾客给一份钱，迎宾员、点菜员、服务员都是如此。所以到了下午6点以后，闲下来的迎宾员和点菜员都会自动进包间服务了。服务员除了计件考核之外，还有五星级考核，二星级以上的服务员必须会点菜。这样，在需要的时候，服务员也可以分担一部分点菜员的活。具体的做法是：将酒店按区域划分，一个区域大概有9个包厢，分配9位服务员、1位主管。下午5点钟的时候，3个人留守包厢，不管是什么样的顾客，都要负责接待。只有一星级的服务员，不会点菜的话，就去迎宾。再有3个二星级以上的服务员，可以帮忙点菜。这样一来，就会变成四五十个人负责点菜、四五十个人负责迎宾的情况，还有一部分人留守包厢，机动性大大增强，多少顾客也应付得过来，而且服务质量提高了。

对于我的建议，当时有一位酒店高管不太赞同，他认为迎宾员就要专职的，点菜员也要专职的，这才能显示出档次，代表服务质量。但是，我的减员并不是乱减的，而是在提升服务质量的前提下减的，比起专职不专职这个问题，服务质量提升了才是硬道理。

下面再讲一个酒店传菜部实行计件绩效考核的例子。

我在嘉兴某酒店担任总经理的时候，下午6点到6点半是酒店的营业高峰期，很多顾客点的菜半天上不来，催菜、投诉的现象很普遍。于是，我亲自追到传菜部，却发现菜都已经做好了，堆在传菜部的菜桌上，就是传不出去，传菜员个个忙得满头大汗，但传菜的效率却很低。在餐后的会议上，我问经理，为什么菜传不出去，经理说人手不够。那就增加人手吧。半个月后，传菜员增加到了25人，可是到了高峰期，菜还是传不出去，到底是怎么回事呢？是真的人手不够，还是传菜员在偷懒呢？

后来我通过调查发现，其他酒店的传菜员，平均一个人负责传七八桌顾客的菜，而我们酒店有25个传菜员，管100桌，平均下来每人才负责4桌。人手显然足够了，但菜就是传不出去，肯定有人在偷懒。我特意观察了高峰期的传菜部的情况，居然是没有任何人管理的真空状态：传菜领班在划菜；厨师长为了便于跟厨房沟通，在厨房里催菜；经理除了管传菜部，还要负责楼面管理，这时连楼面管理都来不及，哪有时间来管理传菜员？再上面就是我了，所以我不管，就没有任何人来管传菜部了。

在这种情况下，必须让员工自我管理，实行计件绩效考核的方法。传菜员每传一个菜，都要在服务员菜单联上盖章。次日上午，传菜领班负责将每个传菜员昨天传的菜折算成金额（比如冷菜小盘5分，中盘1角，大盘、煲类1.5角，酒水饮料每瓶5分），然后统计出每人的总额。月底，酒店根据每个传菜员的传菜总额，计算计件工资。结果一个月下来，传菜员的工资从原来平均900元左右变成高低分化明显了：高的能拿到2000多元，低的只有400多元，一般的在1500～2000元之间。传菜员的积极性大大提高，人数也从25人减少到了16人，减掉了9人。管理层也不用充当传菜员了，可以专心做更重要的事情。

我认为，同一家酒店、同一个包厢的员工，工资相差1000多元、2000多元，甚至相差3000多元、4000多元，这样的收入差距都是正常的。就好比酒店老板之间，能力也有强有弱，有的老板资产过亿，有的老板却在赔钱。老板是这样，员工为什么不能这样？所以说，管理员工就是经营落差。拿酒店服务员来说，在中高端酒店的大厅，一般情况下是一位服务员负责两桌顾客，包厢是一人负责一桌。而有的服务员负责的台子，一个晚上要翻二三桌，他的工作量是别人的二三倍，凭什么收入不高？假如服务员的工资不同，绩效也不同，一百多位服务员里面，他的收入是最高的，甚至比包厢的服务员还高，这样的落差能让他心里感觉舒服。包厢的服务员如果觉得不服气，可以去翻台试试，看看一个晚上翻二三桌，自己做不做得下来。包厢的服务员虽然收入比大厅的服务员低一点，可是只需要服务一个台子，就十几位顾客，但大厅的服务员服务的却是七八十位顾客。用数字说话，大家就没争议了。

根据内部客户的态度

员工的绩效工资算出来之后，能不能拿到全额，还要看内部客户的态度。对酒店服务业来说，上一道工序就是下一道工序的客户，一环套一环。谁购买你的劳动，谁就是你的客户。比如，迎宾员是服务员的上一道工序，因此迎宾员也就是服务员的内部客户，可以评定服务员的工作。如果迎宾员觉得这个服务员非常配合迎宾工作，就可以给服务员加上一定比例的奖金，否则就要扣掉奖金。由于奖金的最后一部分要由内部客户说了算，因此迎宾员和服务员就配合起来了。

计件考核的两种计算方法

通过计件绩效考核方式，酒店的收入增加了，员工的收入也增加了。这种考核方式有两种计算方法。

第一种方法是直接算钱。优点是服务员可以看得见自己收入多少，缺点是定得太死。假设某酒店传菜部有10位传菜员，每人月工资1200元，那么月工资总额就是12000元。如果采用直接算钱的计算方法，会导致三种结果：①月工资总额超过12000元，这样钱就不够发，可能是因为传一个菜的提成标准定得太高了。解决的方法很简单，制定新的提成标准就可以了。②原本12000元的月工资总额，最后只发了9000元，这就等于克扣员工的工资了，可能是由提成标准定得太低导致的，这时就应该适当上调提成标准。③12000元的月工资总额，最后发了11008元。相差5%到10%左右，是可以接受的正常情况。总之，酒店要保证员工的工资是上涨的，下降则会影响员工满意度。

第二种方法是算分数。比如，传一个菜给5分，总分是10万分，而月工资总额是12000元，除以10万分，就得出每分对应多少钱。这样的话，假如一位传菜员得了1000分，就应得1000分对应的工资；另一位传菜员得了10000分，就应得10000分对应的工资。这样做的好处是：12000元是恒定的，既不会多发，也不会少发。这样对酒店有好处，但是也有一个缺陷，员工卖力工作，干的活多，结果却发现原来是1分等于一角钱，现在可能变成8分钱了。这样员工就不满意了。遇到这种情况，最好的解决办法是：原来1分可换一角钱，生意好的时候可以稍微加一点，使员工觉得酒店生意的好坏也跟自己有关系。

总的来说，无论是算钱，还是算分数，都有优缺点，但是用总比不用好。我的建议是，如果员工的工资是2000元，可以拿1000元作为计件考核。考核和工资最少要相差1000元，这样员工才会有感觉。如果只拿出其中的两三百元考核，员工可能就会满不在乎。

绩效考核也要落地

很多酒店的绩效考核不能落地，究其原因主要有以下几点。

第一点，酒店老板自己做绩效。我常说一句话，"老板出手就出丑"，很多酒店老板跳过总经理、经理和厨师长，自己去给员工做绩效考核，这样会引起管理层的不满，因为他们会感觉自己被忽视了，进而不配合，甚至想尽办法阻挠。如果老板自己能做好，那总经理、经理和厨师长还拿工资做什么？为了保住自己的工资和岗位，他们才会想办法阻挠，让绩效考核落不了地。老板做不成，就必须依靠总经理、经理和厨师长了，管理层的重要性就体现出来了。这涉及管理水平的问题，也是绩效考核的核心秘密。

要解决这个问题，我们的理念是：绩效考核谁用谁做。比如当员工从25人减少到了16人，这种做法对谁有用，或者说对谁有好处？其实，它并不能给员工本身带来多大好处，但是却能给管理层带来好处。反过来想，如果管理层得不到好处的话，他们为什么要配合？老板和管理层之间也要建立起一种分钱机制，即规定管理层可以按照降低的成本费用的比例获得相应的报酬。有了这个机制，员工的绩效考核成功与否，就与管理层的收入直接挂钩，不怕他们不尽心尽力落实了。

第二点，绩效考核追求完美。为什么追求完美也会导致落不了地呢？因为太完美就会害怕出现问题，比如这个员工要离职，那个员工有想法，制定者各个方面都要顾及，想等到计划完美了再落地。但是，人无完人，企业也是如此，即使是那些百年企业，也做不到方方面面都完美。所以，追求完美就永远落不了地；想落地，就要打破完美主义。不要怕出现问题，做了再说，做错了也是收获，至少你知道这样做是错的。

有一家酒店的管理人员来向我学习绩效考核，学完之后，他的现场作业做得非常好，让我很满意。但是三个月之后，我回到这家酒店，却发现管理层没有任何动静，为什么？他们怕，怕出现这样的问题，怕出现那样的问题。我说，不管怎样你先做，一个岗位一个岗位地落实，先做了再说，有了问题再来解决问题。他们听了我的话，就开始着手去做了，做了之后果然有问题，但同时也有效果，而且效果比问题大。

人活着就是来解决问题的,有了问题就改正,改正一次、两次、三次……酒店的管理层,为什么薪水要比普通员工高?就是因为他们会解决问题。如果怕问题,是做不好管理层的。

总而言之,绩效考核的前提是下决心去做,不做的话就是空。不过,在餐饮酒店行业形势不好的时候,很多人均消费在500元以上的酒店都被迫关门了,这时候,绩效考核做得再好也没用,客源都没有了,光考核员工又有什么意义呢?在这种情况下,人均消费500元以上的酒店只有四条路可走:坚守、降价、倒闭、转型。这也再次说明,绩效考核不能解决所有问题,但在适当的环境下,做总比不做好,落地总比空谈好。

酒店部分员工责任卡

1. 餐饮部员工责任卡

2. 客房部员工责任卡

3. 仓管部员工责任卡

1. 餐饮部员工责任卡

表附-1　员工水杯柜责任卡

员工水杯柜责任卡	
1. 按本人编号取用茶杯。	照片
2. 茶杯按规定摆放整齐。	责任人：
3. 保持水杯柜清洁卫生，无污迹。	监督人：

表附-2　1号冰箱责任卡

1号冰箱责任卡		
左上： 黄瓜、菠菜、江南四素豆瓣、蒜薹生仁、青腌菜、百叶。	右上： 金针拌肥牛、天目山笋尖、云贵山蕨菜、顶汤螺菇、葱油海蜇头。	照片
左下： 葱油蚕豆、糟鸭舌、柠檬红椒泡藕、雪菜鲜笋、四川泡菜、莲子、咸菜毛豆子、如意素三丝、酱萝卜、加酱牛板筋。	右下： 四喜烤麸、泡椒凤爪、青雪菜拌鸡肫、红枣莲心。	责任人： 监督人：
要求： 1. 温度控制：1～5℃。 2. 做到柜内物品按规范摆放整齐，清洁卫生。 3. 柜内外及台面保持清洁卫生，无水迹，无污迹。		

表附-3 洗碗机操作程序、责任卡

洗碗机操作程序、责任卡	
1. 打开洗碗机门,检查过滤网、过滤罩是否到位,塞上塞杆,检查垂帘前后位置是否放错,关上门。	照片
2. 合上总电源,慢慢打开蒸汽阀,放掉冷凝水(蒸汽压力不允许超过两公斤)。	
3. 按下机器的电源开关,机器自动进水,水加满,温度指示灯自动亮,进入加热状态,加热至60℃后,温度指示灯自动熄灭,便可开始洗碗,打开传送开关。	
4. 在洗涤中如听到异常声立即停机,并及时汇报,不得使机器带病工作。	
5. 营业结束后,关闭洗碗机的电源开关,关掉蒸汽阀门,检查上、下喷臂上的喷嘴是否堵住,发现堵住及时报告领班。	
6. 打开机器的门,拔掉塞杆,拿出滤网、滤罩,清洗干净,拣出垃圾,用清水冲洗机内直至干净,将所有用具擦洗干净,归类放好。	
7. 检查机内垂直内壁,查看是否有油污、脏物和垃圾。	
8. 用干净的抹布擦净机器的表面,打开机门1/3,让其风干。	
9. 注意不能用水冲机器的表面,以防机内电器线路进水或受潮。	责任人:
10. 每周用酸性洗涤剂将机内喷臂擦洗一遍。	监督人:
11. 定期请工程部或供货商来检查和维修保养,以延长洗碗机的使用寿命。	

表附-4　1号和2号蒸箱操作程序责任卡

1号和2号蒸箱操作程序责任卡	
1. 使用前应检查蒸汽设备是否完好，发现损坏或漏气现象及时报修。	照片
2. 使用蒸汽时，蒸汽压力控制在一公斤以下。	
3. 取物时，应先关掉蒸汽阀门再取物，并注意不可徒手操作（用毛巾）。	
4. 开启箱门时，应侧身操作，并提醒旁边的人注意，避免余气对人造成伤害。	责任人： 监督人：
5. 正确掌握菜肴制作所需时间，避免因时间过长或过短而影响到菜肴质量。	
6. 使用完毕后，及时关闭蒸汽总阀门，做好清洁卫生工作。	

表附-5　粗加工卫生区域责任卡

粗加工卫生区域责任卡	
负责项目：地面、水池、推车、灭蝇灯、门、排气扇。 要求：	照片
1. 保持清洁卫生，无污迹，无水迹（除水池）。 2. 水池保持无脏物，无杂物，下水道通畅。 3. 推车、灭蝇灯按规定位置归位摆放。 4. 门、排气扇保持清洁卫生，无污迹，无水迹。	责任人： 监督人：

2.客房部员工责任卡

表附-6　六楼吸尘器卫生责任卡

六楼吸尘器卫生责任卡	照片
1. 将插头插入插座孔内，开启电源开关。 2. 按照操作程序正确使用，做到安全操作。 3. 用完关闭电源，拔下插头。 4. 保持吸尘器内外清洁卫生。	责任人： 监督人：

表附-7　六楼消毒柜卫生责任卡

六楼消毒柜卫生责任卡	照片
1. 将清洁后的茶（饮）具放入消毒柜内，杯口朝下，杯盖直立排列，接上电源，按下按钮，指示灯亮，达到温度后自动熄灭。 2. 保持消毒柜内外清洁卫生。 3. 保持消毒柜平稳，茶具摆放整齐。 4. 消毒柜四周不准摆放易燃物品。	责任人： 监督人：

表附-8　六楼卫生责任卡

六楼卫生责任卡	照片
1. 保持清洁卫生。 2. 确保设施设备完好、有效。 3. 物品摆放规范。 4. 每天实行六常法管理。	责任人： 监督人：

表附-9　六楼工作间管理责任卡

六楼工作间管理责任卡	照片
1. 保持地面干燥，以及台面清洁卫生。 2. 保持物品摆放规范整齐。 3. 禁止在工作间随意食用零食、水果等。 4. 加强工作间安全保卫工作，进出一定要上锁。	责任人： 监督人：

3. 仓管部员工责任卡

表附-10 冷柜责任卡

冷柜责任卡	照片
1. 保持整洁。 2. 物品摆放整齐。 3. 冷柜温度控制范围：冷藏 1~5℃，冷冻 -10~-5℃。	责任人： 监督人：

表附-11 抽湿机责任卡

抽湿机责任卡	照片
1. 保持清洁。 2. 摆放固定，不随意移动。 3. 根据实际情况使用。 4. 下班前切断电源。	责任人： 监督人：

表附-12 工作间责任卡

工作间责任卡	照片
区域：仓库办公室、物料仓库。 要求： 1. 保持清洁卫生。 2. 严把物品进出库"三关"，即进库验收关、入库保管关、出库复验关。 3. 物品按类别摆放整齐。 4. 严格控制物品最高、最低库存量，并保证做到先进先出、后进后出。 5. 定期检查，适量申购，防止出现物品积压或断货。	责任人： 监督人：

致 谢

首先,我要真诚地向北京博雅广华文化传媒有限公司的编辑们表示衷心的感谢,没有他们的辛勤劳动,本书就不可能这么快与各位读者朋友们见面!

同时,我要感谢北京华膳园温泉饭店杨彩庆总裁、周兰总经理,上海榕港餐饮集团李建平董事长,济南舜耕山庄朱传东董事长、郑军总经理,常州国瑞宾馆唐文杰总经理,常州金陵明都大饭店沈益峰董事长、盛冠平总经理,杭州白鹿酒店集团周文源董事长,十堰紫金花君悦酒店董事长陈华文,江苏省苏州吴越荣记餐饮集团张自强董事长,镇江永安鱼庄张克峰董事长,盐城上海人家陈书董事长,盐城大丰千江月酒楼高长青总经理,常州秀江南酒店陆荣俊董事长，长治五谷飘香罗晓伟董事长，安徽蚌埠小味鲜餐饮集团杨云逸董事长，红鼎餐饮集团张飞董事长，滁州市凤阳宾馆马萍总经理，汤臣万豪酒店陈文董事长，张家界恒源餐饮连锁吴献红董事长，湖南省娄底欧比萨餐饮梁超董事长，扬州市滋奇餐饮管理有限公司李小勇董事长，山东省聊城大山坳崔新则董事长，常州肥牛火锅茅月花董事长，舟山市郑彪家餐饮连锁董幼红董事长，陕西省西安东都润景温泉酒店骆霞玲董事长，淮安醉笑天张静董事长，桐国秀水餐饮有限公司笪远来董事长、镇江钱庄餐饮有限公司钱红琴董事长，攀枝花市得天独厚餐饮管理有限责任公司秦吉中董事长，湖北省宜昌稻香阁餐饮有限公司王子鑫董事长，浙江省绍兴钱江源大酒店杨鸿青董事长，江西新余仰天福餐饮集团黄华董事长，四川泸州龙城大酒店马光明董事长等酒店朋友们的帮助和支持！

另外，我还要感谢我的合作伙伴——杭州六常法公司营销总经理黄德争先生及他所率领的全体员工的大力支持和推广。

最后，我还要特别对我的夫人朱晓波给予我写作上的大力支持表示最真挚的感谢！

邵德春